完全圖解
經濟學超入門

零基礎也不怕！30個經濟學核心概念
教你看懂商業世界的運作

政策研究大學院大學榮譽教授
東京大學榮譽教授
井堀利宏——監修

鍾嘉惠——譯

前言

本書將為各位讀者提供一個從經濟學的角度思考消費行為等生活中常見之經濟問題的方法。另外也將透過經濟學的框架，深入淺出地講解日本經濟和全球經濟正面臨的重要課題。

現實中的經濟問題與經濟學是密不可分的。這裡很重要的一點是，「免費的最貴」此一無庸置疑的說法。如果你以為免費便能為所欲為，起初可能會感覺很好，但之後將會產生很大的負擔。如何有效率且公平地分配有限的資源，是經濟學中一個很重要的問題意識。

舉個例子，讓我們試著思考一下新冠肺炎的防疫政策。以醫療政策來說，將新冠肺炎造成的傷害降到最低是施行政策的基本原則。然而，如果為了抑制傳染而完全禁止人民移動，並暫停一切經濟活動，像中國的清零政策那樣，就不能對經濟成本視而不見。實際的政策面臨著該如何兼顧醫療與經濟的難題（假使要實現其中一方的目標，就必須多少犧牲另一方的目標，亦即權衡）。

人力、設備和資金等，這世界的資源是有限的，並非只有新冠肺炎需要處理。我們要完善某個目標，勢必得在一定程度上犧牲其他目標。若能妥善運用經濟學，相信就能在多個目標之間取得平衡並施行良好的政策。

的確，經濟學並非萬能。人類的行為也並非只基於經濟上的動機。人的心理很複雜，而重視這點、名為行為經濟學的新思維，目前在心理學和經濟學的跨學門領域已成為顯學。學

2

習基本的經濟學對於我們理解這類流行的經濟學也很重要。

本書不僅將基本經濟學的精髓應用於日常熟悉的經濟問題，更應用於日本經濟和全球經濟的各種問題，並以一般讀者也容易理解且平易近人的表達方式進行解說。藉由這種方式，各位讀者應該就能了解種種經濟狀況的背後成因。

本書的構成如下。第1章介紹日常生活中的經濟學；第2章介紹企業活動中的經濟學；第3、4、5章分別說明與政府的經濟政策和經濟成長、貨幣和金融，以及與貿易有關的經濟學。5個章節各自獨立，因此從自己感興趣的章節開始讀起也能充分理解內容。期待各位讀者能在掌握經濟學的思維後，用自己的方式去思考經濟問題。

井堀利宏

經濟學是為了尋找通往幸福的最短路徑而存在！！

「經濟主體」在「市場」進行經濟活動

經濟學可說是一門思考「商品（財貨或服務）的生產和交易行為，即經濟活動」的學問。

商品的交易場所稱為「市場」；交易會成立，就表示那裡存在需求（想購買某物的心情）和供給（想出售某物的心情）。在市場中進行經濟活動的單位稱之為「經濟主體」，分為「家計」、「企業」、「政府」3大類。

家計是個人層面對於作為生活基礎的金錢的籌劃安排。例如：上超市聰明購物、妥善分配生活費和娛樂費……這些都可以算是個人的經濟活動。

企業則是以「追求利潤」為其目的。利用員工（勞力）、資本（生產資金）和土地（生產場所）進行生產活動，並在市場上販售所生產的商品或提供服務，以將利益回饋給提供勞力和資本的人，同時將手邊剩餘的部分進一步投入生產，試圖賺取更大的利潤。擴大利潤正是企業最大的目標。

政府則是制定規則、提供公共服務，以使經濟活動順暢進行。

如上所述，經濟學就是家計、企業、政府這3大經濟主體互相作用，同時追求各自的理想狀態。

經濟學是一門思考如何實現整體均衡富足的學問。

4

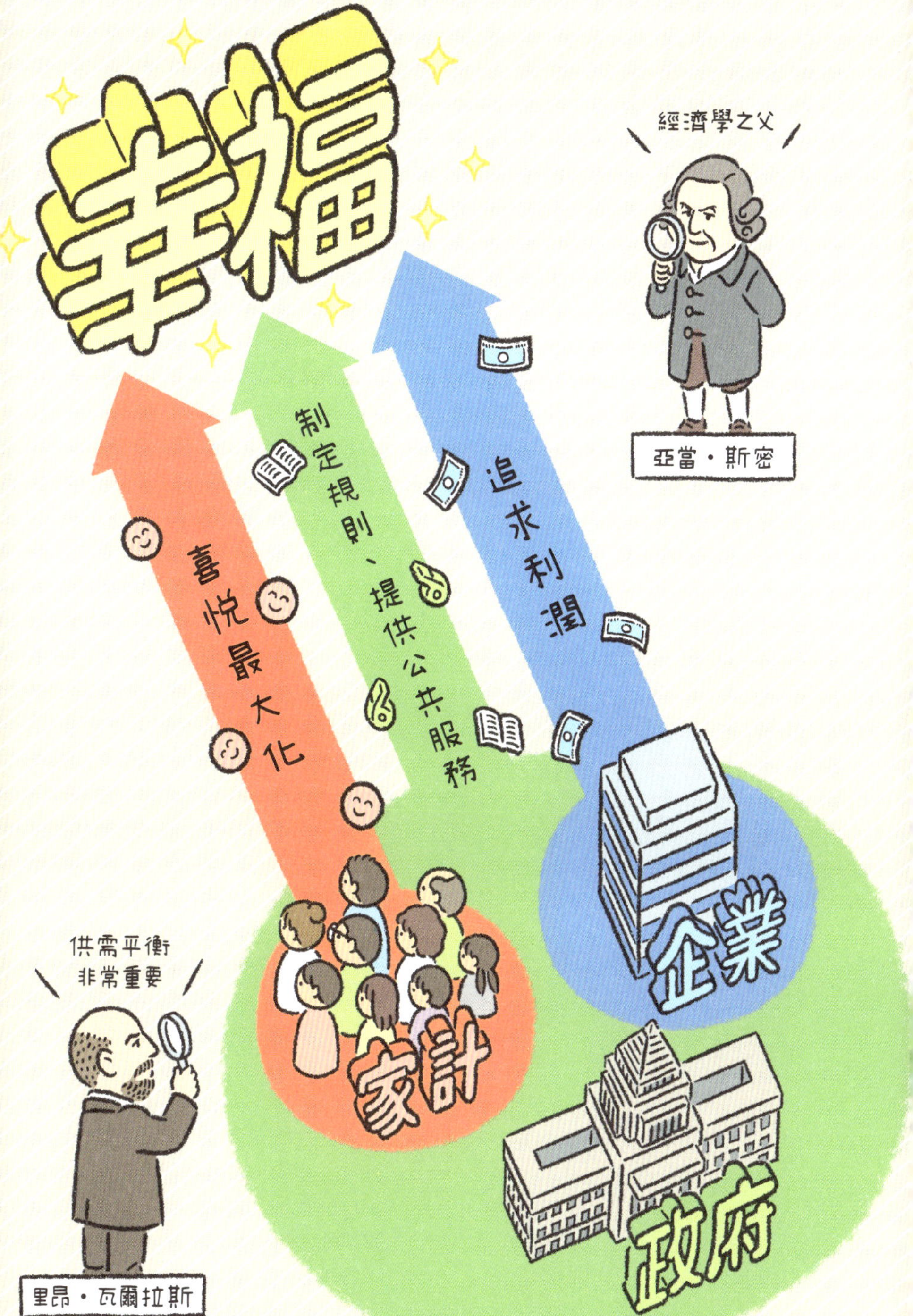

幸福
經濟學之父
亞當・斯密
追求利潤
制定規則、提供公共服務
喜悅最大化
企業
家計
政府
供需平衡
非常重要
里昂・瓦爾拉斯

理解經濟學的 3 要點

這裡介紹的3要點對於理解經濟學很重要。經濟學為了分析現實中盤根錯節的經濟，刻意設定條件簡化的模型。「完全競爭市場」即是其中的代表。另外，經濟學大致劃分成個體經濟學和總體經濟學。最後，讓我們來了解經濟學和「行為經濟學」的差異。

前提的設定很重要

在學習經濟學的思維之際，腦中必須牢記分析時的前提。

舉例來說，當我們在分析市場機制的供需平衡時，便會設定「完全競爭市場」作為前提。在完全競爭市場中，互為競爭對手的企業的產品和價格差異，以及消費者對產品所具備的知識全部相同。分析供需的變化要先假設其他因素都固定不變再進行分析，這點很重要，不要因為實際上並不存在那樣的環境便認為那是空談。

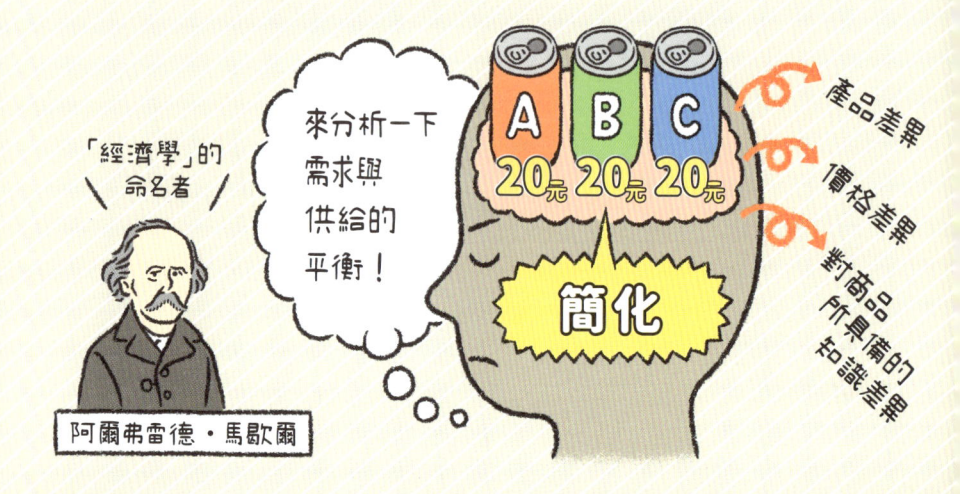

「經濟學」的命名者
阿爾弗雷德‧馬歇爾

來分析一下需求與供給的平衡！

A 20元　B 20元　C 20元
簡化

產品差異
價格差異
對商品所具備的知識差異

個體經濟學與總體經濟學

簡單來說,個體經濟學和總體經濟學的差別就在於你考慮的是細節(微觀)還是整體(宏觀);換句話說,就是你只看見一棵樹還是看見整片森林。

個體經濟學關注的是前一小節所提到的3個經濟主體中的家計和企業,以及市場。

總體經濟學則是關注國家經濟,亦即包含家計、企業、政府,作為一個大主體的經濟活動。

總體是個體行動的集合體,而從總體的角度思考經濟活動會影響到個體層面。最好兩者都學習,別過度區分。

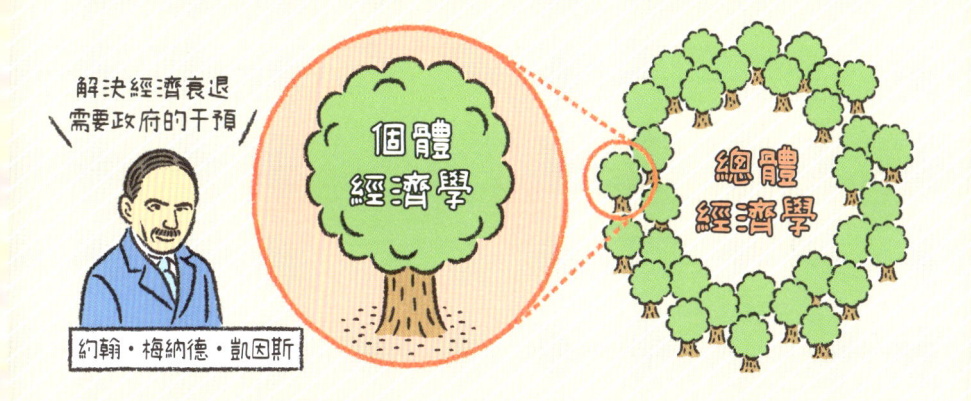

解決經濟衰退需要政府的干預

約翰・梅納德・凱因斯

個體經濟學

總體經濟學

經濟人與行為經濟學

經濟學的分析是以「個體的行為總是合乎理性,只考慮讓自己的效用最大化」為前提。這同樣也是進行經濟學分析所使用的假設條件之一,我們稱這樣的個體為「經濟人(Homo economicus)」。

不過在現實生活中,有時我們會不好意思只考慮自己的利益,或是試圖做一些利他的事情。像這種結合經濟學和心理活動、相對較新的經濟學領域,就是「行為經濟學」。

提到行為經濟學就會想到我

丹尼爾・康納曼

經濟人:如果換算成1ml,哪個比較划算?

600 ml 38元

500 ml 36元

行為經濟學:這兩個都可以呀!

CONTENTS 完全圖解 經濟學超入門

前言 …… 2
經濟學是為了尋找通往幸福的最短路徑而存在!! …… 4
理解經濟學的3要點 …… 6

Chapter 1 日常生活中的經濟學

01 Question 我們付錢買什麼？ …… 14
01 Answer 購物會讓人獲得滿足感（即效用） …… 16
02 Question 商品的價格是如何決定的？ …… 18
02 Answer1 價格與需求量和供給量有關 …… 20
02 Answer2 需求曲線和供給曲線的交叉點即均衡價格 …… 22
03 Question 鑽石為什麼昂貴？ …… 24
03 Answer 因為稀有性高的物品價格較高 …… 26
04 Question 商品有哪些種類？ …… 28
04 Answer1 連同價格變動一併考慮的財貨 …… 30
04 Answer2 依兩者的關係來分類的財貨 …… 32
Column 01 我想了解更多！ 衡量需求與價格關係的指標 需求價格彈性 …… 34
消費者剩餘和生產者剩餘 …… 36

Chapter 2 企業活動中的經濟學

01 Question 企業到底為了什麼而存在？ …… 38
01 Answer 企業的目的是使利潤最大化 …… 40
02 Question 企業在什麼情況下賺最多？ …… 42
02 Answer1 探究生產效率的生產函數和探究成本效率的成本曲線 …… 44
02 Answer2 當邊際收益等於邊際成本時，利潤會達到最大 …… 46
03 Question 從經濟學的角度思考什麼是企業的生存策略 …… 48

03 Answer
企業營收在低於損益平衡點時仍能繼續生產，可是一旦低於歇業點就要停止生產 ... 50

04 Question
完全競爭市場的「完全」是什麼意思？ ... 52

04 Answer
相同品質的商品就會是同樣的價格 ... 54

我想了解更多！
顯示市場資源分配最佳狀態的「柏拉圖最適」 ... 56

05 Question
獨占市場、寡占市場會發生什麼事？ ... 58

05 Answer1
在獨占市場，一家公司就可以隨意決定價格 ... 60

05 Answer2
在寡占市場容易發生圍標 ... 62

06 Question
寡占行業是一場互相揣測對方意圖的博弈？ ... 64

06 Answer
互相揣測對方的意圖並據以採取行動 ... 66

我想了解更多！
寡占行業之間無法合作是有原因的！
何謂囚徒困境？ ... 68

07 Question
市場在什麼情況下不能正常運作？ ... 70

07 Answer1
當牽涉市場以外的外部因素時 ... 72

07 Answer2
當資訊不對稱時 ... 74

Column 02
融合心理學與經濟學的行為經濟學 ... 76

Chapter 3
與政府的經濟政策和經濟成長相關的經濟學

01 Question
「政府」與「經濟」是什麼樣的關係？ ... 78

01 Answer1
政府藉由「資源分配」努力提升市場的效率 ... 80

01 Answer2
政府透過「所得重分配」消除差距 ... 82

02 Question
「GDP」是什麼？能告訴我們什麼訊息？ ... 84

02 Answer
GDP（國內生產毛額）是一國國民在一定期間內製造出的附加價值的總和 ... 86

03 Question
凱因斯經濟學如何處理經濟衰退？ ... 88

03 Answer
政府若能透過投資增加需求，景氣就會復甦 90

04 Question
凱因斯經濟學的具體政策是什麼？ 92

04 Answer
為了提供失業者工作機會，政府積極開展公共事業（投資） 94

我想了解更多！
和凱因斯學派唱反調的新自由主義 96

05 Question
即使財政赤字也不必擔心？ 98

05 Answer
適度的話很理想，可是一旦過度，恐將引發財政破產 100

06 Question
為什麼消費稅不斷增加？ 102

06 Answer
社會保障支出不斷增加，為了籌措財源不得不持續調高消費稅 104

07 Question
年金制度有什麼問題？ 106

07 Answer
繳納年金保險費的人數減少，而領取年金的人數變多 108

08 Question
經濟政策應講求速度，還是靈活應變？ 110

08 Answer1
想重視速度就制定「規則」，希望能因應情況改變施策就需要「酌情處理」 112

08 Answer2
因為在「認知」、「執行」、「效果」各個階段都發生延誤 114

Column 03
經濟成長與創新 116

Chapter 4
有關貨幣與金融的經濟學

01 Question
「貨幣」的功用是什麼？ 118

01 Answer
貨幣有「交易工具」、「價值儲藏工具」、「價值標準」3種功用 120

02 Question
金融機構在做什麼？ 122

02 Answer
銀行透過「信用創造」可使貸款金額倍增 124

03 Question
日本央行的職責是什麼？ 126

Chapter 5 有關貿易的經濟學

03 Answer1
「發鈔銀行」、「銀行的銀行」、「政府的銀行」3大職責……128

03 Answer2
試圖藉由操作利率來擺脫不景氣……130

04 Question
「通膨」、「通縮」是什麼意思？……132

04 Answer1
通膨是指物價持續上漲的狀態，通縮則是相反……134

04 Answer2
極端通膨會擾亂經濟，溫和的通膨則會帶來經濟繁榮……136

我想了解更多！
追求溫和通膨的「通膨目標論」……138

Column 04
受到新關注的馬克思經濟學……140

---

01 Question
「圓高」、「圓安」是什麼意思？……142

01 Answer
「圓高」代表日圓幣值上升，「圓安」代表日圓幣值下降……144

02 Question
貿易帶給經濟的影響是什麼？……146

02 Answer
專注於本國的強項，其他則透過貿易來供應，將可實現整體最佳化……148

03 Question
「國際收支」是什麼？……150

03 Answer
記錄一個國家在一定期間內所有對外經濟交易的國家帳本……152

04 Question
「WTO」負有哪些任務？……154

04 Answer
制定促進各國商品和服務自由貿易的規則……156

05 Question
美中貿易戰的原因是什麼？……158

05 Answer
從典型的貿易摩擦演變成包括軍事、安全、科技領域的霸權之爭……160

06 Question
加入TPP的利與弊分別為何？……162

06 Answer 經濟成長的可能性和對農業的損害在天平兩端	164
07 Question 從經濟學角度思考英國脫歐的意義	166
07 Answer1 區域經濟整合有利有弊	168
07 Answer2 英國認為自己為了幫希臘財政危機收拾殘局而蒙受損失，走上脫歐之路	170
結語	172
詞彙表	174

【日文版工作人員】

◎編輯協力　佐藤裕二（株式會社ファミリーマガジン）
◎執筆・執筆協力　水野春彦、苅部祐彦
◎內文設計・DTP　内藤千鶴（株式會社ファミリーマガジン）
◎插圖　白井匠、宮前めぐる

Chapter 1

日常生活中的
經濟學

我們日常生活消費的商品
和服務的價格是如何決定的？
在本章中，我們將會考察
這類與我們切身相關的經濟學。

Question 01

我們付錢買什麼？

Keywords 偏好、效用、邊際、邊際效用遞減法則

一律 160元

既然價格相同，那我要草莓塔！

效用10
效用5
效用2
效用7

Answer

購買商品 同時得到滿足

我們在購買商品之際，同時也會從商品中獲得滿足感（即效用）。

14

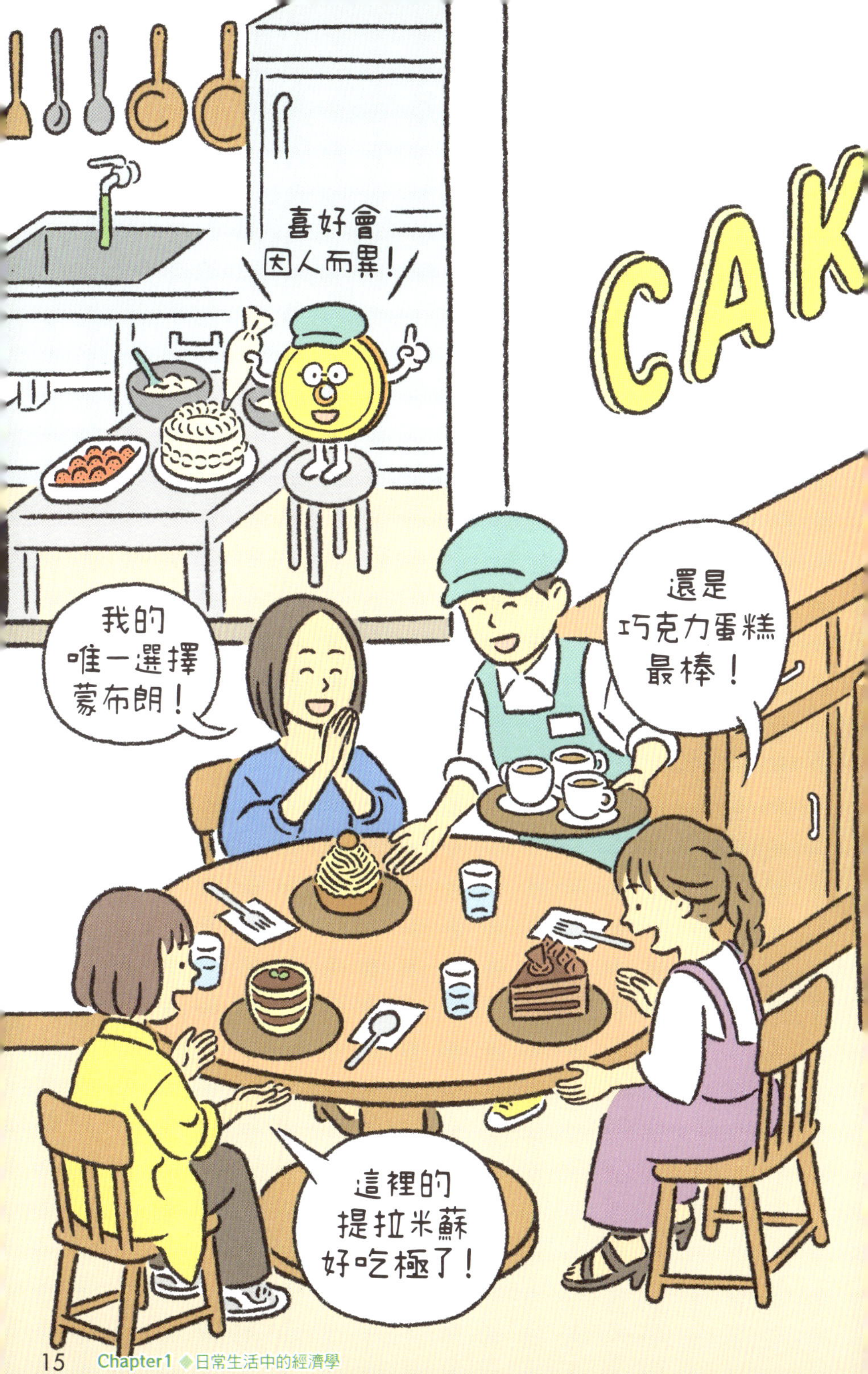
CAK
喜好會
因人而異！
我的
唯一選擇
蒙布朗！
還是
巧克力蛋糕
最棒！
這裡的
提拉米蘇
好吃極了！

01 Answer

購物會讓人獲得滿足感（即效用）

人一定會有自己的「喜好」。比方說，比起提拉米蘇，我更喜歡蒙布朗。經濟學中將喜好稱為「偏好」。

另外，人在購物時，會受到那樣商品能帶給自己的「滿足感」很大的影響。而這種滿足感就稱為「效用」。

即使是同樣的東西，效用卻因人而異。 在經濟學中，這種主觀的效用被認為是分析消費活動時一

> 同樣的東西
> 效用卻因人而異

80分　60分　40分

即使是同樣的商品，每個人的滿意度卻不同。舉例來說，同樣是蒙布朗，但對喜歡甜食的A來說效用是80分，對B來說是60分，而對於不喜歡栗子的C來說則是40分。

當然，效用的高低也會因為當下的心情而有不同。

假使前一天吃過蒙布朗，那麼隔天選擇其他甜點的人一定會變多。

人在購物時就是像這樣根據商品的效用來進行理性的判斷，這就是經濟學的思維。

順帶一提，當我們多獲得一件同樣的東西時，效用也會隨之增加。這種每一單位增加的效用稱之為「邊際效用」。在經濟學當中，增量被稱為「邊際」。

一般來說，**隨著同一種物品的增加，邊際效用會逐漸降低**。透過將第1次的效用和第2次的效用分開並各自進行量化，可以幫助我們思考經濟學上合理的行為。

效用逐漸下降的「邊際效用遞減法則」

經濟學中的「邊際」是指「在現有的狀態上增加1單位時所增加的量」。

從這增加的量獲得的效用就稱為「邊際效用」，而此一邊際效用會逐漸慢慢減少。

舉例來說，聚餐時喝的啤酒。乾杯時的啤酒喝起來非常美味，滲透全身，但喝完第2杯以後便漸漸覺得膩了，想要喝點別的。在經濟學中會以主觀的方式量化這種現象，例如：「第1杯：100分」、「第2杯：80分」、「第3杯：60分」、「第4杯：50分」……。

像上述這樣邊際效用逐漸降低就稱為「邊際效用遞減法則」。

增加1單位　　增量＝邊際

第1杯一定要點啤酒！

差不多該點些別的飲料了……

100分

80分 → 60分→ 50分……

Question 02

商品的價格是如何決定的？

Keywords 需求曲線、供給曲線、看不見的手

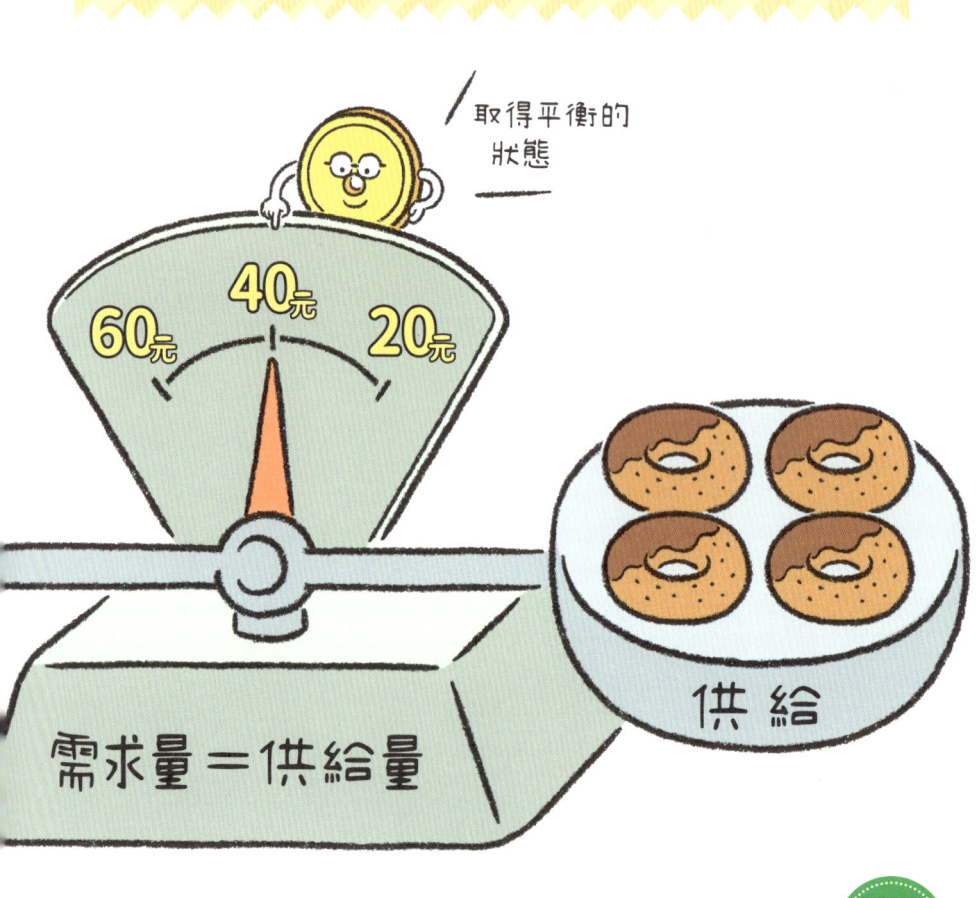

取得平衡的狀態

60元　40元　20元

需求量＝供給量

供給

Answer2

需求曲線和供給曲線的交叉點就是均衡價格

當需求量和供給量相等時，那就是該物品的價格（均衡價格）。

當供給少於需求時，商品的價格就會上漲

需求量 ＞ 供給量

Answer1

價格與需求量和供給量有關

想要的人多，價格就會上漲；想要的人少，價格自然下降。

當供給超過需求時，商品的價格就會下降

需求量 ＜ 供給量

19　Chapter1 ◆日常生活中的經濟學

02
Answer 1

價格與需求量和供給量有關

商品（財貨或服務）的價格是隨著買方的需求量和賣方的供給量之間的平衡而波動。

人們因為價格波動而想要購買或是想要出售的數量變化，可以用「需求曲線」和「供給曲線」這2個不同的圖表來表示。

反映出買方需求量變化的需求曲線是這樣變化的：「如果價格高，購買量就會減少；反之，價格低的話，就可以多買」。

如果價格下降 想要的人就會增多

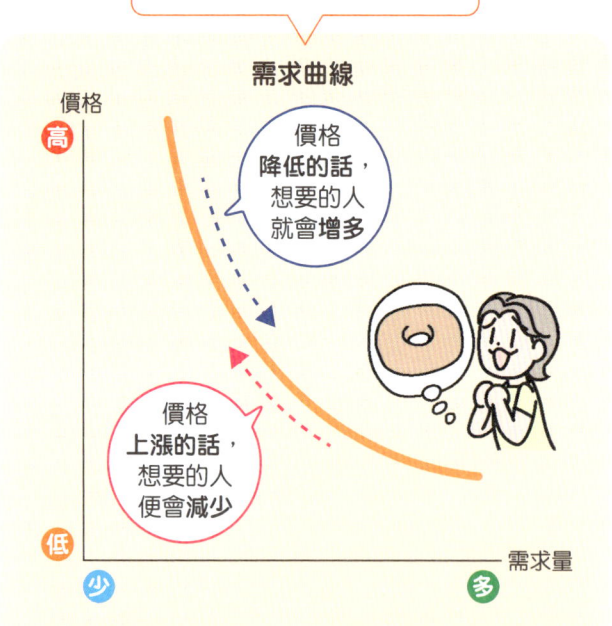

需求曲線

價格 高

價格**降低的話**，想要的人就會**增多**

價格**上漲的話**，想要的人便會**減少**

低　少　　　　　多　需求量

甜甜圈的價格一旦上漲，消費者會覺得相較於想吃的心情，這筆錢花得並不值得，買的人就會變少。反之，如果甜甜圈的價格下降，買的人就會增加。上面的圖表便是反映價格與需求量關係的「需求曲線」。價格高時，需求會減少，而隨著價格慢慢降低，需求會逐漸增加，呈現向右下傾斜的曲線。

相對於此，**反映出賣方供給量變化的供給曲線**則是依這樣的思維變化：「如果價格高仍然賣得出去，那麼大量生產或新加入的生產者會使市場上的流通量增加；反之，如果只有降價才賣得出去，那麼撤出市場等因素便會導致生產量減少」。

順帶一提，經濟學中的「市場」指的是財貨或是服務進行交易的場所。而實際買賣的場所和類似「甜點市場」這種概念的集會，都可以稱為市場。

供給曲線

> 如果能賣高價，生產量就會增加

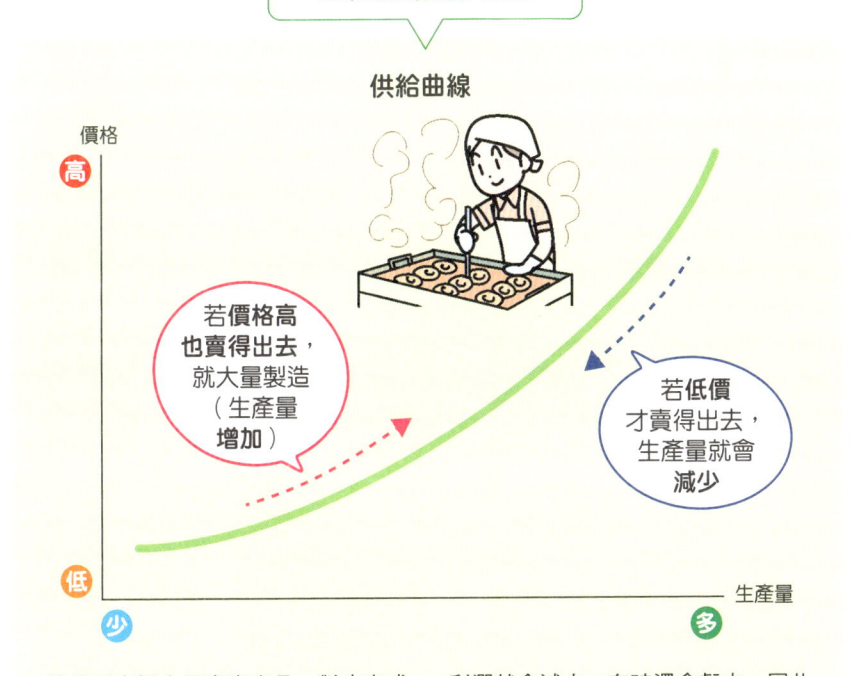

價格 高／低　　生產量 少／多

> 若價格高也賣得出去，就大量製造（生產量增加）

> 若低價才賣得出去，生產量就會減少

能夠用高價大量賣出商品，對店家或企業而言很有吸引力。因此，當價格高仍然賣得出去時，就會大量製造，供應市場。同時，也會有新的生產者加入，使市場整體的生產量增加。另一方面，如果只有降價才賣得出去，利潤就會減少，有時還會虧本。因此商品的價格便宜時，企業的生產意願就會降低，使供給量減少。這種關係會反映在上面的「供給曲線」上，其中價格和生產量的關係呈現向右上傾斜的趨勢。

Chapter1 ◆日常生活中的經濟學

Answer 2

需求曲線和供給曲線的交叉點即均衡價格

當我們同時考慮前一頁所講解的需求和供給時，適當的價格和交易量就會顯現出來。買方想要購買的數量和賣方想要銷售的數量取得平衡的點，也就是當反映價格與需求關係的需求曲線和反映價格與供給關係的供給曲線交疊時，兩者交叉的點就是「需求」與「供給」一致的地方。這個價格就是市場上交易的價格。

此外，即使發生供給

需求曲線和供給曲線的交叉處就是「均衡點」

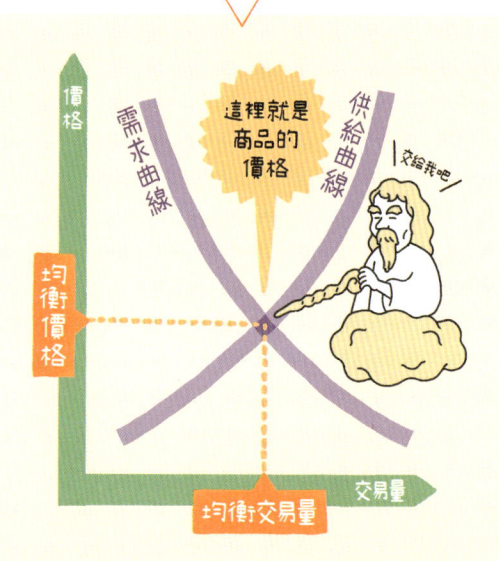

這裡就是商品的價格

價格
需求曲線
供給曲線
交給我吧
均衡價格
均衡交易量
交易量

一旦商品的價格下跌（縱軸）買方便會開始覺得，如果是這個價格就可以買多一點（橫軸）。也就是說，需求曲線呈現向右下傾斜。另一方面，既然價格高也一樣賣得出去（縱軸），賣方就會努力製造來增加供給量（橫軸）。換句話說，供給曲線呈現向右上傾斜。此一需求曲線和供給曲線的交叉處就是均衡價格，同時也是均衡交易量。這個交叉點是由「看不見的手」自動決定的。

過多或需求過多的狀況,隨著市場上反覆地進行交易,差距便會自然消失,需求與供給會漸趨一致。這稱為「價格的自動調節功能」,英國經濟學家亞當·斯密在他的著作《國富論》中,用「看不見的手」來比喻這項特徵。

法國經濟學家瓦爾拉斯認為,如果需求和供給失衡,為了消弭兩者之間的差距,**需要的是由「價格」驅動的調整**,而不是去調整產量。

價格變化會促使供需取得平衡

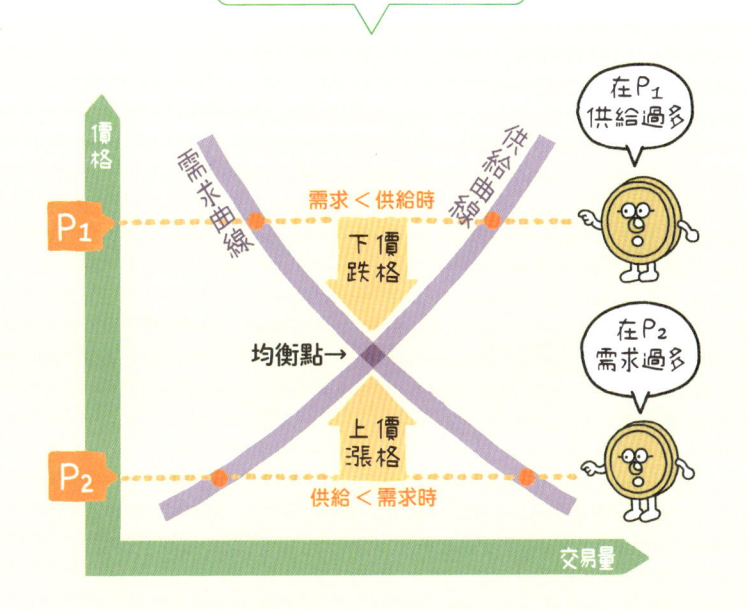

- 在 P_1 供給過多
- 在 P_2 需求過多

需求曲線 / 供給曲線
P_1 — 需求 < 供給時 — 價格下跌
均衡點 →
P_2 — 供給 < 需求時 — 價格上漲

價格 / 交易量

經濟學家瓦爾拉斯認為,需求和供給不平衡時,不是透過改變產量,而是透過改變商品價格來調節供需。舉例來說,上圖中的價格為 P_1 時,供給多於需求(超額供給);當價格為 P_2 時,需求多於供給(超額需求)。在超額供給的情況下,透過降價來進行調整,在超額需求的情況下,透過漲價來進行調整,最後 2 條曲線交叉點上的價格會讓供需達到平衡,並穩定下來。

鑽石為什麼昂貴？

Question 03

🔖 Keywords 稀有性、權衡、機會成本

24

Answer

稀有的物品價格較高

鑽石之所以昂貴是因為它很「稀有」。稀有性指的是可利用的數量比「渴望擁有」的數量要少。

03 Answer

因為稀有性高的物品價格較高

稀有性指的是財貨或服務相較於需求的不足程度。**稀有性高的財貨或服務，價格便會提高。** 舉例來說，地球上僅有少量的鑽石，十分稀有，因此價值也高，被以高價進行買賣。

相反的，水在人類生存方面雖然不可或缺，但因為供應充足，稀有性較低，所以被以低價進行交易。不過同樣是水，如果是在沙漠販售，稀有性便

> 當渴望擁有的人多而財貨少時，就會變昂貴

稀有金屬 →

除了鑽石以外，還有許多稀有性高的商品。類似的像是稀有金屬，同時也是稀有資源。對半導體製造不可或缺的這些資源因新冠疫情導致航運大亂、俄羅斯入侵烏克蘭（兩國都是重要的生產國）、對俄羅斯的經濟制裁等，變得更加難以取得，使得價格上揚。

一般所謂的明星，稀有性也很高。憑藉高人氣而可望帶來豐厚票房收入的演員或歌手，可說是非常稀有的人才，即使酬勞高，廠商仍然會想邀約。

26

提高,價值可能就會超過鑽石。

經濟學上認為,所有資源都是有限的。手邊有的現金,和用那些錢能買到的資源都是有限的,因此我們總是在**得到什麼、放棄什麼**之間做選擇。這種取捨稱為「權衡」,而這時**沒有選擇某樣事物最後造成的損失,被特別稱為「機會成本」**。

> **資源是有限的,所以不得不做取捨**

「權衡」指的是,當你得到某樣東西的同時也會失去另一樣東西。舉例來說,假設你現在有1,000元。如果你打算用那些錢買自己喜歡的衣服,那麼聚餐用的錢就沒了。經濟學上的說法就是,「衣服和聚餐兩者為抵換關係」。

該花在哪邊呢…

> **看不見的費用=「機會成本」**

當你在權衡之下選擇了其中一方後,沒被選擇的另一方的價值,亦即可以得到的利益就稱為「機會成本」。舉例來說,明明去打工可以拿到2,000元的日薪,但你卻蹺班打遊戲,這時便會產生機會成本的損失,即原本可以得到的2,000元。

27　Chapter1 ◆日常生活中的經濟學

商品有哪些種類？

Question 04

Keywords 高級財、劣等財、季芬財、替代財、互補財

薪水調漲了，拿來買啤酒吧！

Answer1

連同價格變化一併考慮的財貨

根據價格和所得變動來分類的商品有高級財、劣等財、季芬財等。

28

Answer2

依兩者的關係來分類的財貨

還有像是替代財和互補財這樣依據2項商品的關係來分類的財貨。

Answer 1 04

連同價格變動一併考慮的財貨

在經濟學上，商品分為財貨和服務，「財貨」是滿足欲望的有形之物，而「服務」則是醫療、教育、娛樂等的無形事物。

財貨依照性質可分成幾類。

舉例來說，**個人收入（所得）增加時，消費量也跟著增加的財貨稱之為「高級財」，又稱為「正常財」**。反之，所得增加的時候，消費量卻減少的財貨則稱為「劣等財」，或

> 所得如果增加，鮪魚大腹的消費量就會變多

Before

After

高級財　　　　　　**劣等財**

非常愛吃鮪魚大腹的Ａ先生，很遺憾的並非高薪一族，通常一次上店裡消費1盤已是極限，另外點3盤鮪魚赤身，總共4盤。不過，Ａ先生的薪水（所得）大幅調升了。因為這個緣故，Ａ先生現在可以點3盤鮪魚大腹，而鮪魚赤身則從3盤減為1盤。合計4盤不變。

像鮪魚大腹這樣，當所得增加時，消費量也增加的財貨就是高級財；而像鮪魚赤身這樣，因為所得增加而減少消費量的財貨就是劣等財。

一般而言，高級財的特徵就是高品質（奢侈品），劣等財則多半品質低落。

30

稱為「下級財」。

具體來說，在此之前主要都喝廉價發泡酒的啤酒愛好者，一旦收入增加後，原本就想喝的啤酒的消費量就會增加。在這種情況下，發泡酒就是劣等財，啤酒就是高級財。

不過在劣等財中，也有一些是**儘管價格上漲，消費量依然增加**，或是價格下跌，消費量卻減少的商品。這類財貨稱為「季芬財」。

> 馬鈴薯的價格上漲，消費量卻增加？

價格上漲，消費量卻增加的就是季芬財。

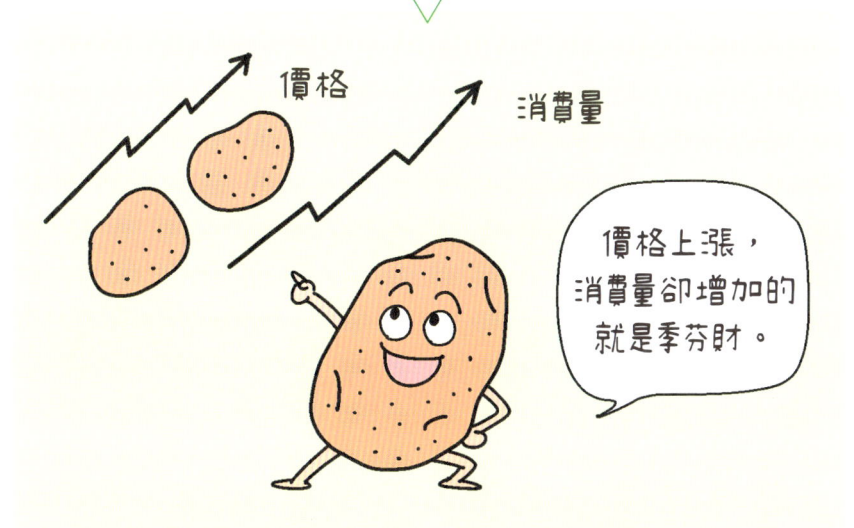

季芬財常見的例子是19世紀發生在愛爾蘭的馬鈴薯大饑荒。當時被人們當作主食的馬鈴薯因傳染病流行，產量銳減，結果導致價格上揚。然而由於肉類、蔬菜等在當時都是高級品，人們只好比平時多買一些漲價後仍然相對便宜的馬鈴薯。馬鈴薯的價格上揚，使得人們更沒有多餘的錢來購買肉類和蔬菜，因此儘管價格上揚，馬鈴薯的消費量卻增加。

像上述這樣，即使價格上揚，消費量依然增加，或是價格下跌，消費量卻減少的財貨就是「季芬財」。可以說是極為特殊的商品。

04 Answer 2

依兩者的關係來分類的財貨

除了前一頁介紹的分類法，還有許多財貨的分類法。

舉例來說，像是咖啡和紅茶這種**用途相同的商品，稱之為「替代財」或是「競爭財」**。

替代財就是每個人一天喝的飲料總量不會有太大的變化，因此當咖啡的消費量增加時，同為飲料的紅茶消費量就會減少。

相對於此，如咖啡和砂糖、印表機和墨水、手

當Highball的消費增加，啤酒的消費量便減少

咖啡和紅茶
啤酒和Highball
日式飯糰和三明治
替代財
奶油和人造奶油
麵包和奶油
互補財
汽車和汽油
吉他和弦

除了咖啡和紅茶外的「替代財」例子，還有啤酒和Highball（一種威士忌兌蘇打水調成的雞尾酒）。近年來Highball的人氣上升，飲用Highball的人增加，結果導致啤酒的消費量減少。

而像咖啡和砂糖這種某樣商品的消費量增加，另一樣商品的消費量也隨之增加的「互補財」，其他的例子還有麵包和奶油、汽車和汽油、電腦和硬碟、吉他和弦、剉冰和風味糖漿等。

32

機和保護貼等，一方的消費增加，另一方的消費也會隨之增加的商品，稱為「互補財」。

此外，名副其實被消費的商品就稱之為「消費財」，與其相對的是「資本財」（或是稱為「生產財」），也就是用於生產的材料。

生產消費財時所需的原料和機械就是資本財。
舉例來說，小麥之於麵包店就是資本財。

> 用於生產商品的資本財

資本財

資本財

資本財

讓我們以麵包店為例，想一想哪些是「資本財」吧。製作麵包首先需要原料，如小麥、奶油、牛奶等。另外，烤麵包的機器也是資本財的一種。「消費財」則是指原料以外被消費的財貨。以辦公室來說，書寫用具和檔案夾等的文具、電費或瓦斯費、公司用車、汽油等就是消費財。家庭所消費的財貨（如食品食材、衣物、興趣嗜好的用品）也屬於「消費財」。

33　Chapter1 ◆日常生活中的經濟學

> 我想了解更多！

衡量需求與價格關係的指標　需求價格彈性

作為衡量需求與價格之間關係的指標，我們可以舉出「需求價格彈性」。

需求價格彈性是在價格出現變化時，用來觀察需求量會如何變化的一項指標。價格上漲時需求大幅減少，價格下跌時需求大幅增加的商品，對價格變動反應劇烈，這種情況稱為「彈性大」。反之，價格上漲，需求並沒有明顯減少，而降低價格，需求也沒有明顯增加的商品則稱為「彈性小」。

奢侈品是「價格彈性大的商品」的代表。珠寶飾品、高級轎車、名牌商品等，這類商品並不是買不可，因此價格如果上漲，一般人就會盡量減少購買。大眾取向、競爭激烈的商品也具有較大的價格彈性。例如像清潔劑這樣的商品，單看這項商品的話，確實對生活不可或缺，但來自其他公司的競爭產品也多。

這一類商品，如果只有自己公司調漲價格，一般人就會立刻變節投靠其他公司，使得需求下滑。反之，在價格、品質大同小異的競爭情況下，只要調降價格，從其他公司跳槽過來的顧客就會增多，使需求一下子增加。

相對於此，「價格彈性小的商品」的例子之一就是生活必需品。比如鹽巴，不過前提是沒有來自其他公司的競爭產品。一般人不會因為漲價就減少購買。而且，降價了也很少有人會想要買來囤積。像這類醫藥品也是同樣的情況。原本需求就有限的商品，便是價格彈性小的商品。

當我們用圖表來表示需求價格彈性時，就會像左頁的上圖一樣。彈性大的商品會畫出一條較為平緩的線，而彈性小的商品則會畫出陡峭的線。

我們也可以用數字來

34

■如何計算出需求價格彈性

◎彈性大的情況（具有彈性）　　　◎彈性小的情況（不具彈性）

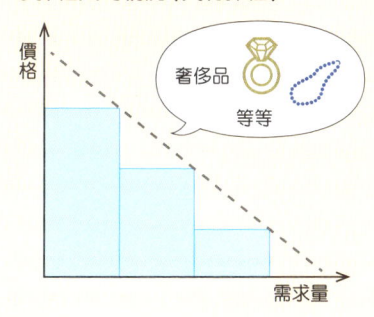

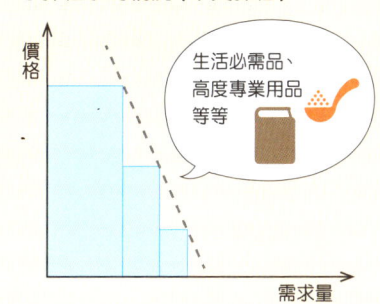

奢侈品等等

生活必需品、高度專業用品等等

$$價格彈性 = \frac{需求變動率}{價格變動率}$$

需求變動率＝（新價格的銷售量－舊價格的銷售量）÷舊價格的銷售量
價格變動率＝（新價格－舊價格）÷舊價格

以絕對值來計算

表示。價格彈性的計算公式一如上圖。

舉個例子來說，單價120元的漢堡×銷售量800個。假設單價降到100元之後，銷售量增加為1000個。這時候「需求變動率」的算式為「（1000－800）÷800＝0.25」、「價格變動率」為「（100－120）÷120＝－0.16」。因此算出來的價格彈性為「0.25÷0.16＝1.56」※。

一般而言，這個數值大於1被認為是價格彈性大（具有彈性），小於1被認為是彈性小（不具彈性），

企業便可依此來設定商品價格。

一般認為，如果試圖利用降價來增加需求，基本上對價格彈性大的商品比較有效。

※參照上圖。

Chapter1　日常生活中的經濟學

Column 01

消費者剩餘和生產者剩餘

消費者剩餘是指,消費者對於某樣商品願意支付的最大金額(需求價格)減去實際的商品價格(市場價格)後的金額。舉例來說,假設消費者認為「最多願意掏出140元來買1杯啤酒」。這時他走進的店裡如果1杯賣100元,那麼消費者剩餘就是140元-100元=40元。

假設消費者在這家店喝了1杯啤酒之後還想再喝1杯,但因為口渴的感覺減輕了,沒有第1杯時那麼想喝,因此認為120元的話可以點來喝。這時,消費者剩餘就變成20元。第3杯時滿足感進一步下降,需求價格變成100元,但因為和市場價格一樣,所以願意買來喝。這時的消費者剩餘為0元。假設第4杯想點不同的飲料,對啤酒的需求價格降為80元。消費者剩餘就是-20元。當消費者剩餘變為負數時,理論上消費者就不會購買。啤酒的消費就此結束,喝3杯啤酒的消費者剩餘總額為40元+20元+0元=60元。

生產者剩餘是指,生產者實際販售的價格(市場價格)減去生產一個該產品所需費用(邊際成本)之後剩下的金額。舉例來說,假設電視機的售價是2萬元。第1台的生產成本假設是1萬元,那麼生產者剩餘就是1萬元。假設第2台的生產成本是1.4萬元,生產者剩餘就變成0.6萬元;到了第3台,生產成本會更高,生產者剩餘進一步降低,最後就是繼續生產到生產者剩餘降為0為止。

Chapter 2

企業活動中的 經濟學

什麼情況下
企業的利益會達到最大？
或者,「完全競爭市場」和
「獨占、寡占市場」的差異為何？
在本章中,我們將分析企業的經濟活動。

企業到底為了什麼而存在？

Question 01

◦→ **Keywords** 生產要素、利潤最大化

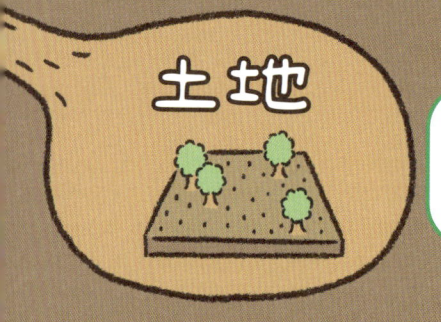

員工　股東　設備

土地

將利潤最大化

企業最大的目的是獲得利潤。追求利潤最大化，生產財貨，並提供服務。

Answer

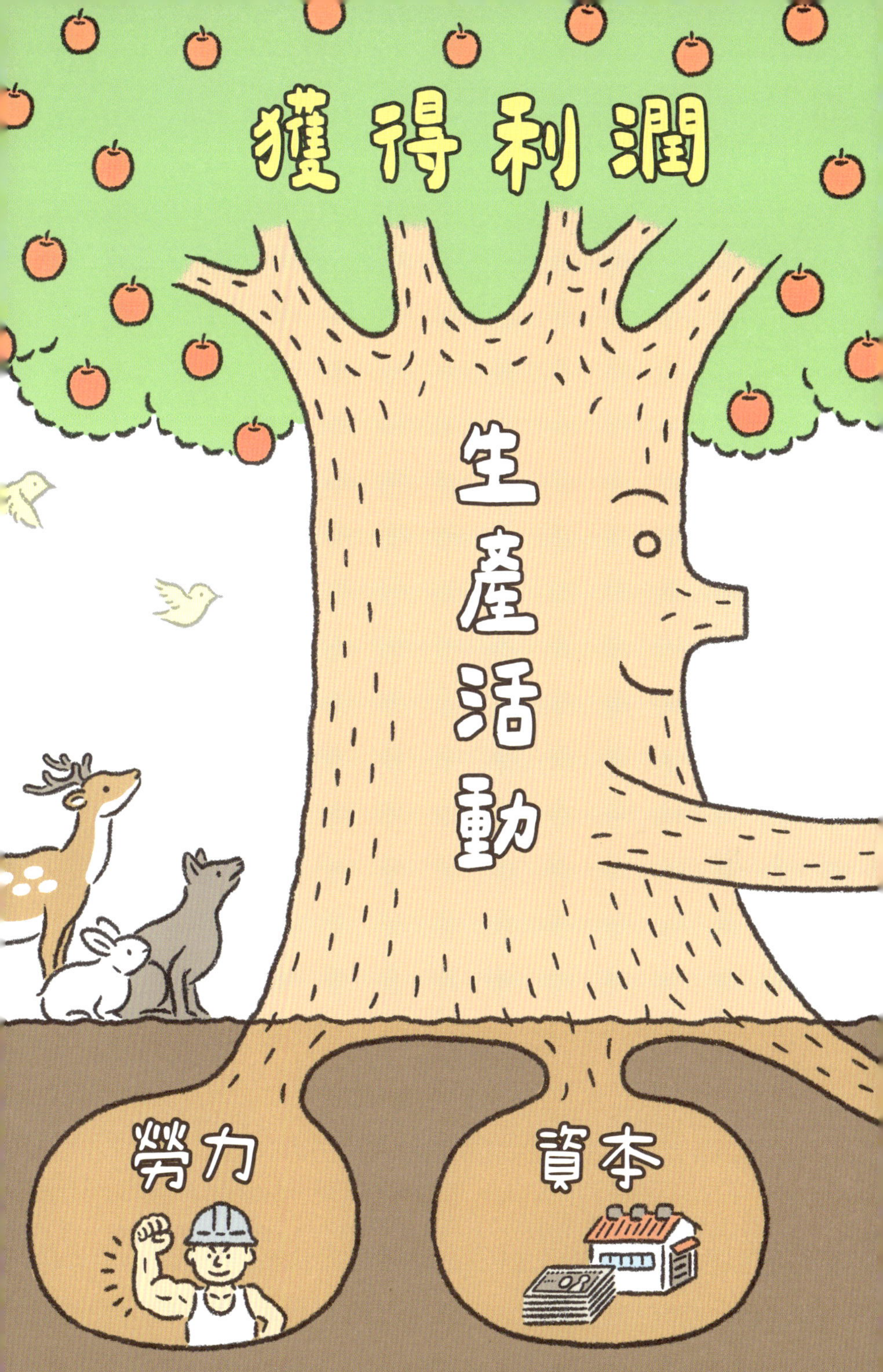
獲得利潤
生產活動
勞力
資本

01 Answer

企業的目的是**使利潤最大化**

企業存在的理由在於追求最大利潤。

利潤是販賣所得到的收入（銷售額）扣除成本之後的金額。換句話說，**只要增加收入或是降低成本**，就能增加利潤。

要增加收入必須增加產量，賣出更多商品。而生產產品時需要投入3大「生產要素」，即勞力、資本（原料和生產設備等）和土地。

另一方面，還必須減

要重建一家公司，削減成本是最快的方法？

（漫畫：解僱大量員工，讓公司轉虧為盈！／經營層太蠻橫！／NO／竟然突然就開除人，太過分！）

為了增加收入，需要投注許多經費於生產活動，如設備投資、產品開發等，而且需要一段時間才能夠看到成果。因此，不少經營者為了在短時間之內看到成果，第一步就是削減成本。

1999年就任日產汽車董事長的卡洛斯・戈恩就是一個著名的例子。他大量裁減人員、關閉工廠、裁撤下包廠商，因而被稱為「Cost Cutter」。他還利用一些戲劇性的手法，例如讓下包廠商在效率上競爭，淘汰落敗的公司等，成功讓日產的業績由谷底翻升，轉虧為盈。不過，現在他因為包括本人在內的高階主管的薪資涉及不法而被究責。

40

透過這種方式獲得的利潤會用於發放股利和員工的薪資、獎金等。剩餘的錢則**以「保留盈餘」的形式儲存在公司內部**。

也有推動一些業務以突顯社會貢獻的案例，但由於這有助於提升企業形象或員工的積極度，因此社會貢獻也被視為「追求利潤」的一種手段。

少開銷，如原料費和人事費等。

> 未分配利潤
> 過度保留盈餘為人詬病的原因

企業的經常利益和保留盈餘的變化

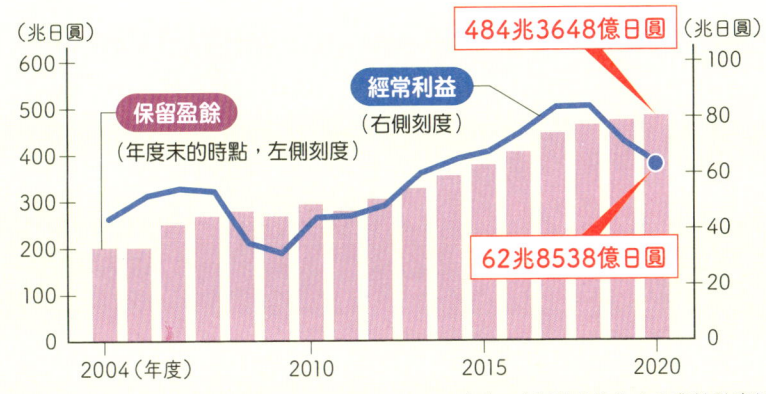

（兆日圓）　　　　　　　　　　　　　　　　　　（兆日圓）

- 保留盈餘（年度末的時點，左側刻度）
- 經常利益（右側刻度）

484兆3648億日圓
62兆8538億日圓

2004（年度）　2010　2015　2020

※來自日本財務省的法人企業統計資料

「保留盈餘」指的是企業創造出的最終利益中，儲存於公司內部的部分。即付完薪水、獎金、稅金、給股東的股利等所有支出後剩餘的金額。

保留盈餘不僅是公司以備萬一的「防禦性」財源，也可作為投資新事業等的「進攻性」財源使用，可以看作是檢測企業穩定性的氣壓計。

但另一方面，「過度保留盈餘，對員工的回饋不足」這類批評聲浪也不斷出現，例如：2020年度日本國內企業的保留盈餘達到484兆日圓，為史上最高紀錄。

海外有對保留盈餘課稅的案例，日本國內也不斷在討論，但尚未得出一個結論。

41　Chapter2 ◆企業活動中的經濟學

Question 02
企業在什麼情況下賺最多？

Keywords 生產曲線、成本曲線、邊際成本、邊際收益、利潤最大化

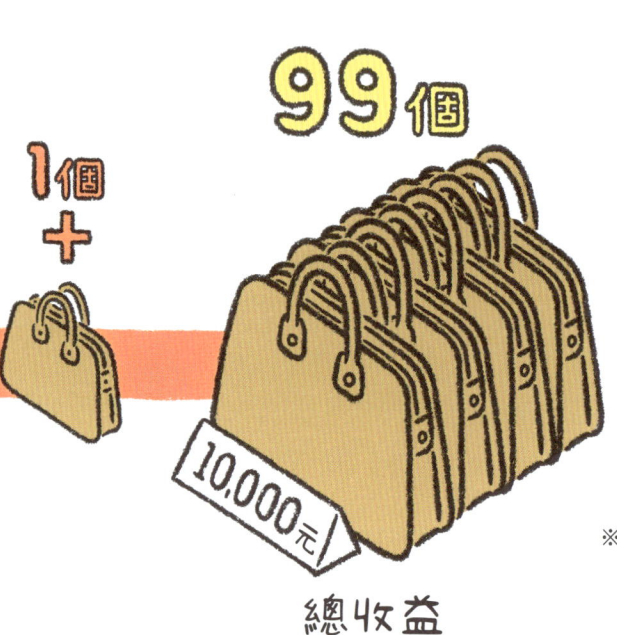

1個 + 99個

10,000元

總收益 99萬元

※假定每個包包的售價為10000元（邊際收益）。

邊際成本 9,000元 < 邊際收益 10,000元

可以生產更多！

Answer1
當收入和支出費用間的差額達到最大時

隨著產量增加，最初只會稍微增加一點費用，之後則會大幅增加。「成本和銷售收益之間的差額（即利潤）」達到最大時，就是生產的最適點。

42

Answer2

當邊際收益等於邊際成本時，利潤會達到最大

將追加生產一個商品的費用（邊際成本）與銷售額（邊際收益）相比時，假使銷售額較高，就應當增加產量；假使費用較高，那利潤就會減少，應當停止生產。

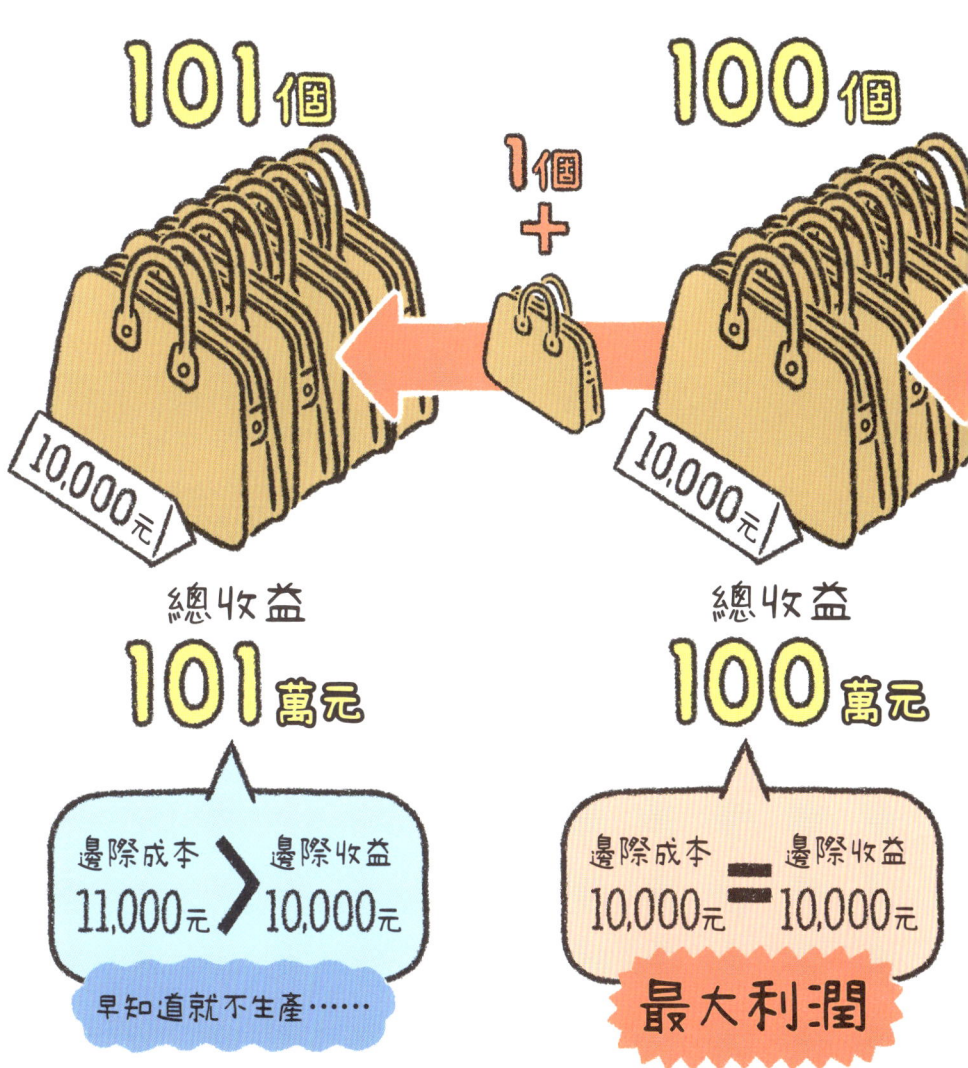

注意這裡！

101個　　1個＋　　100個

10,000元　　10,000元

總收益 **101萬元**

邊際成本 11,000元 ＞ 邊際收益 10,000元

早知道就不生產……

總收益 **100萬元**

邊際成本 10,000元 ＝ 邊際收益 10,000元

最大利潤

43　Chapter2　◆企業活動中的經濟學

02
Answer 1

探究生產效率的生產函數和探究成本效率的成本曲線

為了追求利潤最大化，需要投入勞力、原料等眾多的生產要素，然而成本和產量並非總是一比一的關係。

舉例來說，勞力和產量之間的關係。雖然員工加班，產量就會增加，但是長時間勞動會使效率變差是顯而易見的事。經濟學中有一種圖表叫做「生產函數」，是從生產端來看這類生產要素和產出的關係。

探究產量和生產要素在效率上的關係的生產函數

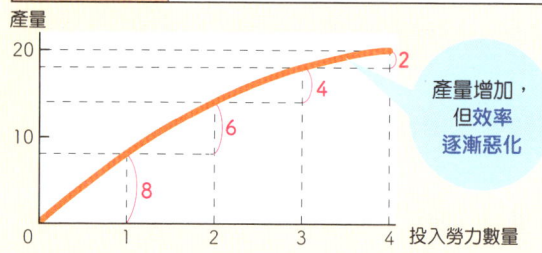

投入勞力數量	1	2	3	4
產量	8	14	18	20
邊際產量		6	4	2

產量增加，但效率逐漸惡化

上述是反映產量和投入勞力數量之間關係的「生產函數」。

假設蛋糕店的廚房裡只有1人在做蛋糕，那麼他一個人必須做所有事情，所以1天做8個已是極限。隨著工作人數增加，每個步驟得以分工，從而使生產數量增加，例如：2人1天可以生產14個，3人可以生產18個。

不過，當人數增加到4人時，便會出現人多事少的情況，使得效率降低，能夠生產的蛋糕數量僅有20個，沒有顯著增加。

總生產量雖然增加，但是效率卻逐漸降低（可增產的數量，即邊際生產力減少），能將此一情況可視化的就是「生產函數」。

44

此外，使成本降到最低對於利潤的最大化也是必要的。從成本端來看產量和成本（生產要素）的「總成本曲線」，是一種顯示投入多少費用能夠產出多少的圖表。這裡所說的「費用」是指勞力、資本（原料費）等與生產相關的所有成本。

兩者都是從「邊際生產」和「邊際成本」中找出有效率的點。

探究成本效率的總成本曲線

產量	1	2	3	4
總成本	8	14	22	36
邊際成本		6	8	14

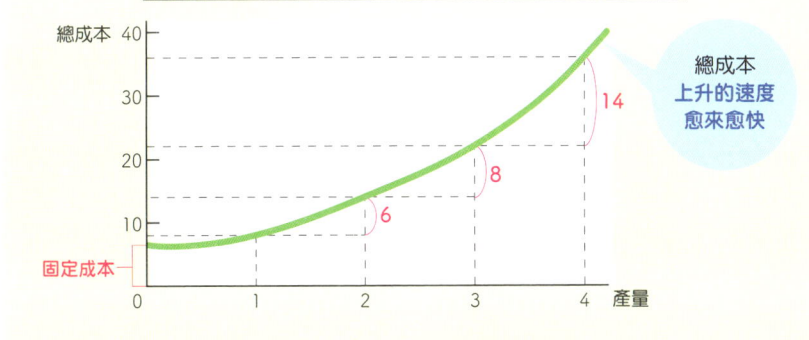

總成本上升的速度愈來愈快

固定成本

成本包含固定成本和變動成本。固定成本是指房租、固定的人事費等總是固定的花費部分；變動成本是指依情況上下浮動的部分，如採購費、原料費、按時間計算的雇用費等。

上述的圖表是顯示總成本和產量之間關係的「總成本曲線」。即使在尚未開始生產的階段也會有固定成本的花費，所以起始位置高於0。總成本會隨產量的增加而遞增，因此最後會類似上面的圖表。

也可以說這是一個從總成本面向來看「當生產要素的投入數額增加，產量便會遞減」的生產函數圖表。當生產要素的投入數額增加，邊際生產力就會漸漸下降，也就是說，這表示每生產一個產品的邊際成本會一點一點地逐漸增加。

45　Chapter2 ◆企業活動中的經濟學

02 Answer 2

當邊際收益等於邊際成本時，利潤會達到最大

為了尋找利潤最大化的時點，也就是**生產效率最高的點**，需要關注前一頁所介紹的總成本曲線與收益（銷售額）之間的關係。

在完全競爭市場（↓第52頁）中，銷售價格是固定的，商品的生產量和銷售額被認為是成正比。換句話說，就是邊際收益經常保持不變，亦即價格等於邊際收益。但另一方面，邊際成本會一點一點

利潤最大化時的生產數量

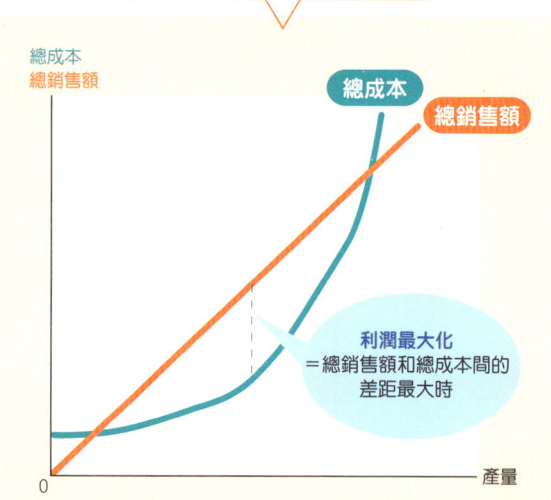

總成本
總銷售額

總成本

總銷售額

利潤最大化
＝總銷售額和總成本間的差距最大時

0　　　　　　　　　　產量

為了增加生產數量就必須投入生產要素，但是隨著產量增加，除了原料費會增加，還要雇用新員工、投資設備，使得花費逐漸增加。

在完全競爭市場中，由於假設生產出來的產品都能全數售出，因此邊際收益始終等於價格，總銷售額會呈一直線。當銷售額超過總成本曲線，且2條線之間的距離最大時（銷售額和總成本間的差距最大時），利潤會達到最大。

地慢慢增加，因此圖表的斜率會愈來愈大。

為了判斷某個時點的利潤是否最大，要思考邊際量，亦即增產一個的利潤是多少。**假使邊際成本而非價格（邊際收益）降低，利潤便會增加，那就應該增產**；一旦邊際成本而非價格增加，那增產就會出現虧損，因此應當停留在目前的狀態。

利潤在價格與邊際成本相等時會達到最大。

> 在邊際收益＝邊際成本之前
> 都是應當增產的時機

邊際收益 ＞ 邊際成本
10,000元　　9,000元

利潤多了1,000元，所以要增產。

邊際收益 ＝ 邊際成本
10,000元　　10,000元

現在的性價比最高！

我們以皮包為例來思考利潤最大化的時點。假設製作98個每個10,000元的皮包之後，製作第99個時，每增產一個所需的費用（邊際成本）是9,000元，第100個是10,000元，第101個是11,000元。由於第99個產生的邊際收益大於邊際成本，有1,000元的利潤，因此應該增產，並在製作第100個時達到邊際收益等於邊際成本。製作第101個時，邊際成本會大於邊際收益，邊際利潤則變成負1,000元，所以做完100個就應該停止生產。這就是找出利潤最大化時點的方法。

在邊際收益＝邊際成本時，利潤會達到最大。

47　Chapter2 ◆企業活動中的經濟學

從經濟學的角度思考
什麼是企業的生存策略

Question 03

→ Keywords 損益平衡點、歇業點

虧損1.5萬元！應該把店關了嗎？

本月營業額 **8.6** 萬元

總成本 **10.1** 萬元

48

Answer

損益平衡點和歇業點是關鍵

企業的營業額在低於損益平衡點並出現虧損的情況下，仍然能繼續生產，可是當變動成本超過營業收入時就應當停止營運。

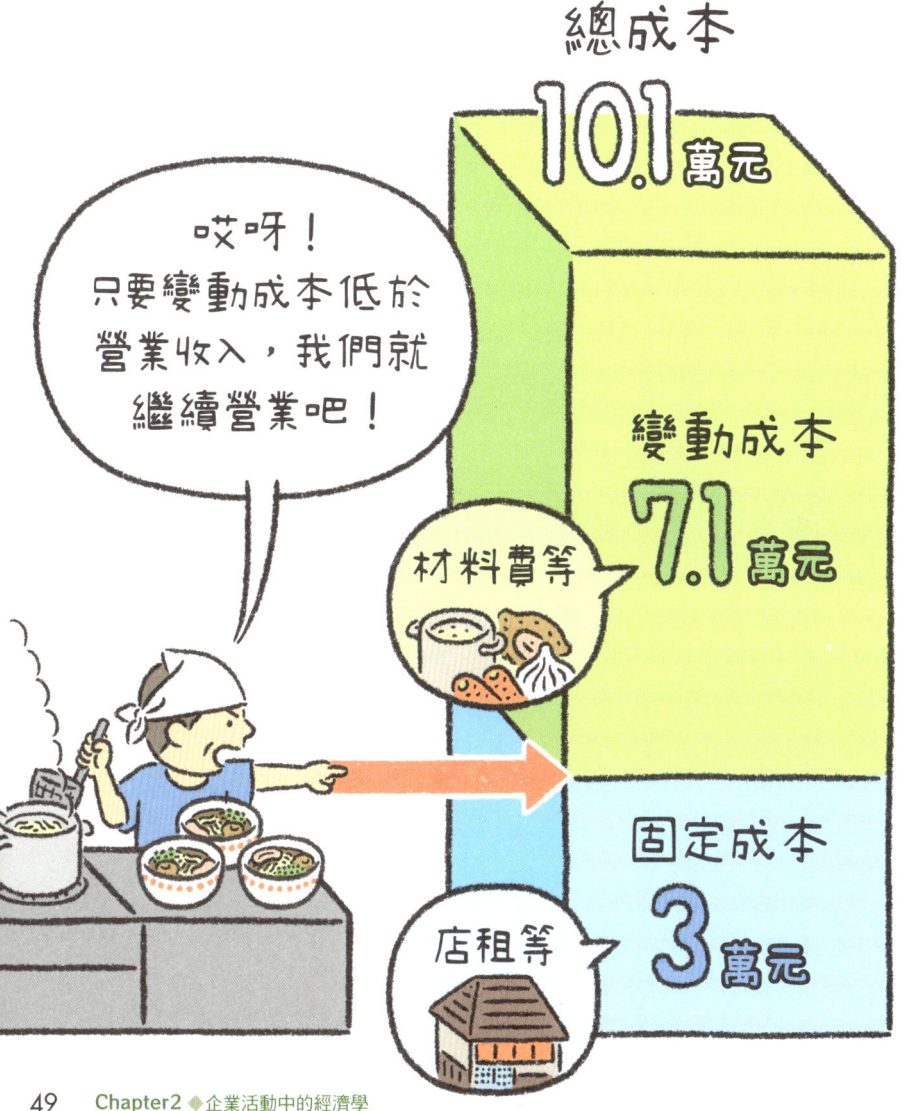

總成本 **10.1** 萬元

變動成本 **7.1** 萬元

材料費等

固定成本 **3** 萬元

店租等

哎呀！只要變動成本低於營業收入，我們就繼續營業吧！

49　Chapter2 ◆企業活動中的經濟學

03 Answer

企業營收在低於損益平衡點時仍能繼續生產，可是一旦低於歇業點就要停止生產

用來判斷企業或某樣商品獲利能力的指標稱為「**損益平衡點**」。即總收益扣除總成本之後，利潤為零。也就是營業收入和成本相抵後，盈虧的轉折點。

由於營收低於損益平衡點的狀態即代表虧損，因此會出現停止營運的選項，但是其實在這個時點上，停止營運並非最佳選擇。原因在於一旦停止生產，營業額就會降為0，

損益平衡點即意指收支打平

超過損益平衡點即表示有利潤（**盈餘**）

成本、收益

損益平衡點

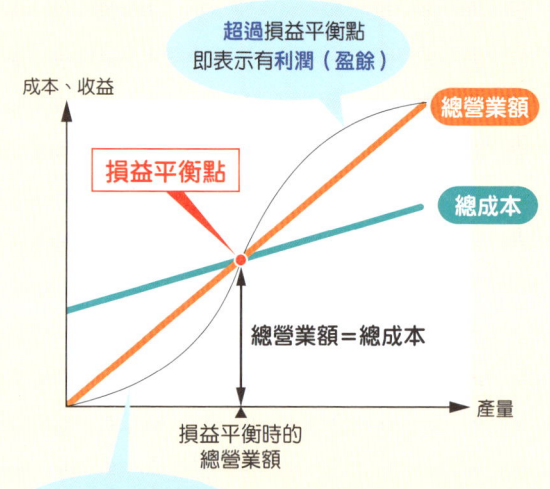

總營業額

總成本

總營業額＝總成本

產量

損益平衡時的總營業額

低於損益平衡點即是**虧損（赤字）**狀態

上圖是用圖表來表示損益平衡。總營業額和總成本交叉的點就是「損益平衡點」。換句話說，就是收支打平的狀態。

總營業額如果高於損益平衡點，就是利潤為正，即有盈餘的狀態。反之，如果低於損益平衡點，利潤就為負，也就是出現虧損（赤字）的狀態。

50

只有固定費用（工廠等的設備費或店鋪的租金等）持續在支出。但如果虧損時仍然繼續生產，就有可能減少虧損的金額。

話雖如此，但如果營業額減少，連變動成本都無法支付時，企業就要停止生產活動。當營業總額和變動成本相等，此一時點就稱為「**歇業點**」。

> 企業即使發生虧損
> 有時仍能繼續生產

(A) 總營業額 > 變動成本	營運所帶來的利潤為正，所以會繼續營運下去，直到無法支付固定成本為止
(B) 總營業額 = 變動成本	即使營運也無利可圖，所以停止營運＝**歇業點**
(C) 總營業額 < 變動成本	只要營運就會產生虧損，所以不營運

※ 上表是拉麵銷售數量為0（停止營業），但仍然有店租要付的案例。

假設某間拉麵店1個月賺取的營業額為8.6萬元，總成本為10.1萬元。這時雖然出現1.5萬元的赤字，但並沒有停止營業，這是因為總成本可以分成變動成本和固定成本兩部分。假設變動成本（麵條和湯頭等與營業額連動的費用）為7.1萬元，固定成本（店租等）為3萬元。這時如果停止營業，便會立刻損失營業收入和變動成本之間1.5萬元差額的利益（營業所產生的利益），所以應當在虧損的情況下繼續營運，力求業績好轉（上表（A）的狀態）。

不過，一旦變動成本和營業額相同，或是營業額更少，營業所產生的利益沒有了，那停止營業，把店收掉會是比較好的選擇（上表（B）、（C）的狀態）。

Chapter2 ◆企業活動中的經濟學

Question 04
完全競爭市場的「完全」是什麼意思？

Keywords 完全競爭市場、價格接受者

Answer 品質相同就會以同樣的價格進行交易的市場

「無數的交易主體」、「自由加入或是退出」、「商品的同質性」、「資訊的完整性」，在滿足這4項條件的完全競爭市場中，同樣的商品，價格也會相同。

這裡是怎麼回事？每家店的商品、價格和味道都一樣……

04 Answer

相同品質的商品就會是同樣的價格

一般所謂的「完全競爭市場」指的是一種滿足以下條件的市場：①**存在無數的交易主體（買方和賣方）**；②任何人都可以自由加入、退出；③被買賣的商品同質且不存在產品差異（亦即在設計、品質等方面與其他產品做出區隔）；④關於市場價格，賣方和買方都擁有完整的資訊。

完全競爭市場是進行經濟分析時的必要假設之

> 當市場中存在無數的交易主體，個人就無法影響價格？

賣我20元啦！

40元

還有許多其他客人，我是不會降價喔！

蔬果攤

在完全競爭的狀態下，存在無數的「買方」和「賣方」，因此個人的行為不會對整個市場造成影響。舉例來說，如果某家店提高香蕉的售價，那麼買方就不會去那家店，而會去售價比較低的店購買。另外，即使有客人要求蘋果降價，但因為其他客人願意用定價購買，賣家也不必回應這樣的要求。

如上所述，在一個完全競爭市場中，沒有人可以出其不意地隨意設定價格，就算有人擅自改變商品價格，也遲早會回到適當的價格。

54

一，現實之中並不存在這樣的市場。透過完全競爭市場這樣的假設，讓人可以分析偏離那種狀態的市場，例如獨占市場（→第58頁）。

此外，由於完全競爭市場的參與者，即消費者（買方）和企業（賣方），只能接受（take）市場全體決定的「價格」，兩者因而都被假定為「價格接受者」。

完全競爭市場有助於進行分析、驗證

這家店一定最便宜！

雖然其他店賣更便宜，但太遠了……

現實社會中並不存在完全競爭市場。有人不知道自己想要的商品在其他店已經降價，而用定價購買，有人認為可以就近買到是優點，即使比超市貴十幾元也願意在住家附近的便利超商購買，由此可以看出，現實中不可能存在所有個人和企業都能取得有關商品的一切資訊，在沒有交易成本的情況下進行公平交易這種事。

透過完全競爭市場這個假想的市場使交易條件一致，我們便可驗證需求和供給的關係（→第20頁），或是分析邊際收益和邊際成本的關係（→第46頁）。

55　Chapter2 ◆企業活動中的經濟學

> 我想了解更多！

顯示市場資源分配最佳狀態的「柏拉圖最適」

資源分配完全毫無浪費的狀態，是以其提倡者維爾弗雷多・柏拉圖（Vilfredo Pareto）的姓氏來命名，稱為「柏拉圖最適」，或稱為「柏拉圖效率」。在柏拉圖最適的狀態下，每個人的滿意度（效用）都夠高，而如果要進一步提高某人的效用，就必須犧牲別人的效用。

舉例來說，假設A和B坐在兩人座沙發上。這時C出現，而且也想坐下的話，2人中的其中一人就必須站起來，使效用降低。因此可以看出，A和B坐在沙發上就是柏拉圖最適的狀態。此外，如果只有A坐在沙發上，那資源就會多出來，所以不是最適的狀態。

此外，為了追求「柏拉圖最適」的特點。

讓我們再多舉一個例子。A和B分享一個圓形蛋糕時，各吃一半可以說是柏拉圖最適的狀態。不過，如果2人各吃了3分之1，因為還剩下3分之1，所以不能說是柏拉圖最適的狀態。這時，如果A吃掉剩下的3分之1，由於沒有犧牲B（吃了3分之1）的效用，而且資源全部用盡，這種狀態就是柏拉圖最適的狀態。像這樣從資源分配效率的面向來思考，而不考慮個人之間的公平性，就是柏拉圖最適的特點。

此外，為了追求「A吃掉剩餘的3分之1，A的效用上升，而B的效用並未減少」這種柏拉圖最適狀態所做的改變，稱為「柏拉圖改善」。

另外再舉一個例子。A擁有10杯份的紅酒、10杯份的啤酒，B手邊有20杯份的紅酒、20杯份的啤酒。假設A想要多一點紅酒，B想要多一點啤酒。這時如果A的5杯紅酒和B的5杯啤酒交換，至少A、B其中一方的效用會增加，沒有人的效用會減少，所以柏拉圖最適的狀

56

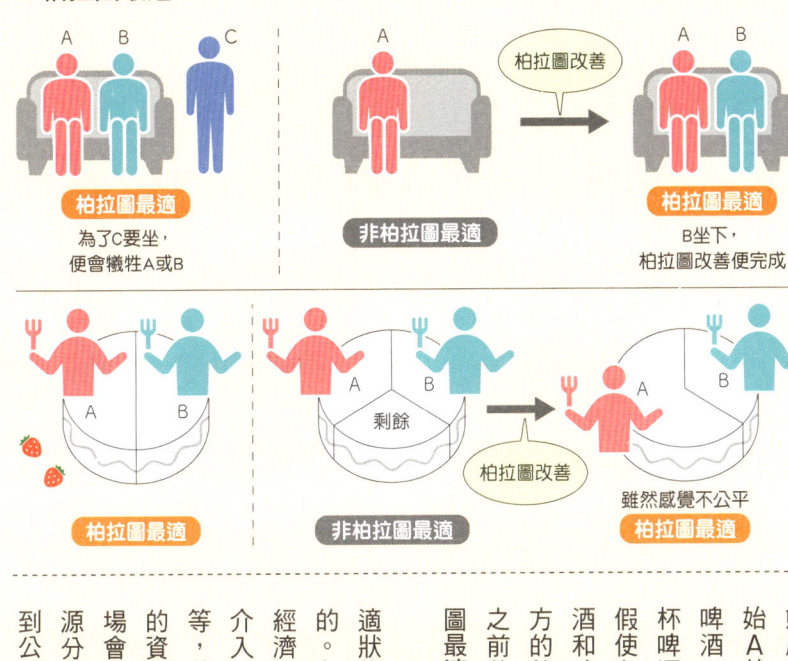

■柏拉圖最適

柏拉圖最適
為了C要坐，便會犧牲A或B

非柏拉圖最適 → 柏拉圖改善 → **柏拉圖最適**
B坐下，柏拉圖改善便完成

柏拉圖最適

非柏拉圖最適　剩餘　柏拉圖改善 → **柏拉圖最適**
雖然感覺不公平

柏拉圖最適的社會指的是無法再做進一步柏拉圖改善的社會，此一概念是基於英國哲學家邊沁的福利經濟學。

假使在這種狀態下，拿紅酒和啤酒交換會讓其中一方的效用減少，那麼交換之前的狀態就被視為柏拉圖最適。

態成立。不過，如果一開始A就有20杯紅酒、20杯啤酒，B有10杯紅酒、10杯啤酒，情況又如何呢？

公平分配的柏拉圖最適狀態並非輕易就能達成的。在非完全競爭的現實經濟中，透過政府適當地介入，如課稅、政策補貼等，將可實現柏拉圖最適的資源分配。完全競爭市場會實現柏拉圖最適的資源分配，但並不會同時做到公平的分配。

57　Chapter2 ◆企業活動中的經濟學

Question 05
獨占市場、寡占市場會發生什麼事？

Keywords 獨占、價格決定者、寡占、卡爾特

買得起的人，請進！

Tobacco

200元

獨占市場

好貴！

Answer1

獨占企業愛怎麼定價就怎麼定!?

某個市場中只有一家公司，就表示它可以設定對自己有利的價格。買方只能按照該公司說的價格付錢。

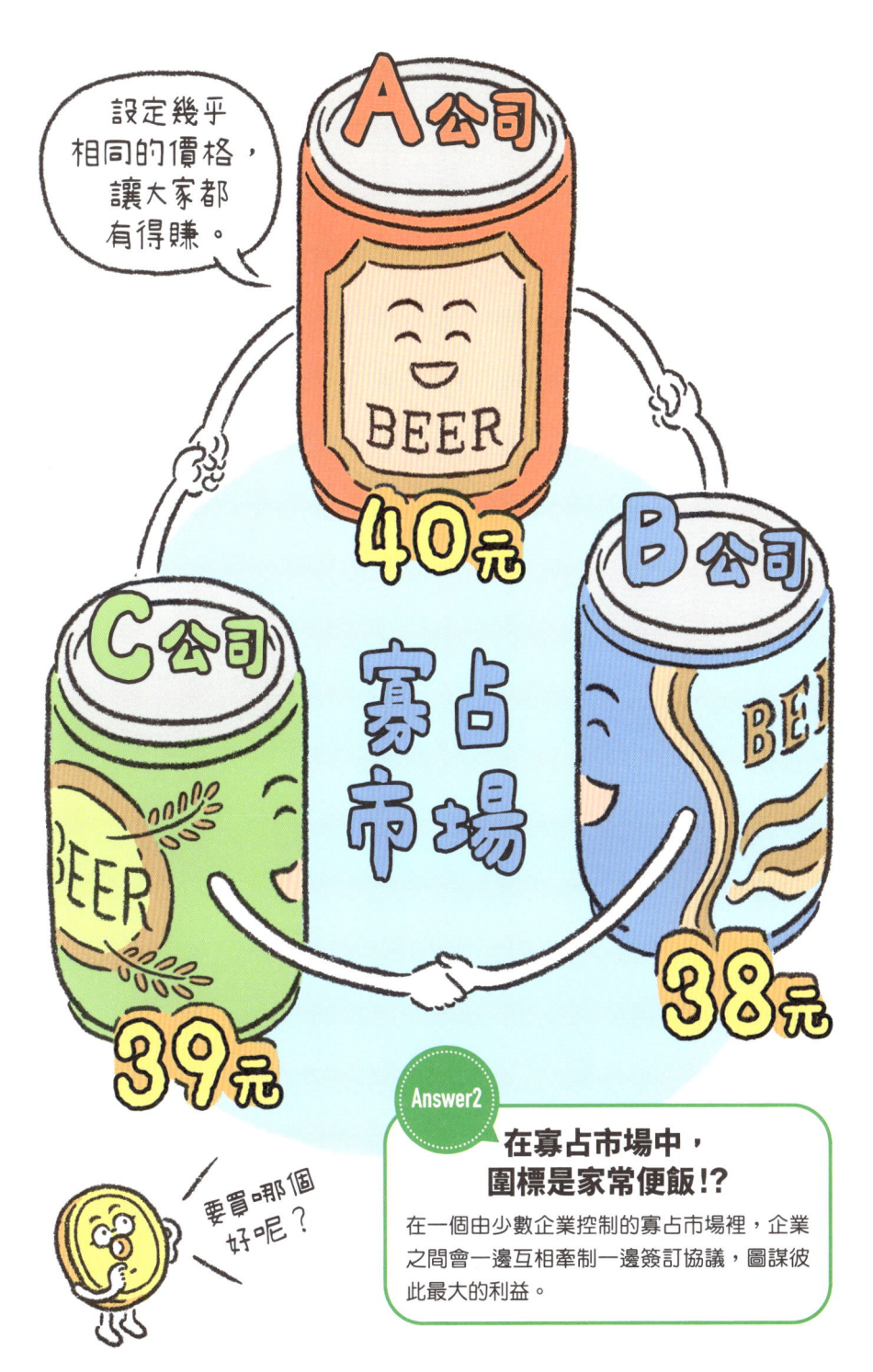

> Answer2
>
> ### 在寡占市場中，圍標是家常便飯!?
>
> 在一個由少數企業控制的寡占市場裡，企業之間會一邊互相牽制一邊簽訂協議，圖謀彼此最大的利益。

59　Chapter2 ◆企業活動中的經濟學

05 Answer 1

在獨占市場，一家公司就可以隨意決定價格

獨占市場一如字面上的意思，即指由一家公司控制生產和銷售市場的市場。

電力公司和製藥公司等都是獨占企業的例子，但各自有其**形成獨占企業的原因**，如初期投資需要龐大經費、特許存在等。

在這種需要啟動成本的市場會看到一種名為「規模經濟」的現象，即藉由擴大生產規模來節省經費並增加收益。

獨占企業存在的原因

- 初期投資需要龐大經費
- 在獲利之前需要有體力才能撐下去

→ 進入獨占市場存在很大的障礙！

容易誕生獨占企業的都是一些初期投資需要龐大經費，例如電力、瓦斯、鐵路、電話、航空等具高度公益性的業種。初期投資大多成了障礙，其他公司始終無法進入。

像這樣的市場雖然一開始需要投入許多資金，但隨著生產規模擴大，每個產品的平均成本便會下降，使得收益增加。這種現象稱為「規模經濟」，但能夠撐下去直到獲利的公司很有限，因此這種行業自然會出現獨占狀態。

政治的介入也是發生獨占的一個原因；1987年民營化的日本國有鐵道（國鐵），原本身為國營事業而無法裁撤不賺錢的路線以削減財務赤字，最終以償還經常損失1.4兆日圓、營業虧損15.5兆日圓的巨額債務，重生為JR。

此外，獨占企業在市場上不存在競爭，可以隨意設定價格。這樣的企業稱為「**價格決定者**」。

「DAZN」是價格決定者？

因為有些賽事只有在DAZN才看得到。

對消費者來說，為了取得在獨占市場交易的商品，只能接受該企業決定的價格。獨占企業可以設定或是操縱價格，好讓自家公司的獲利增加，因此對照價格接受者（→第55頁），這樣的企業稱為「價格決定者」。

舉個例子來說，體育串流平台DAZN在2022年大幅調漲月費，成為許多新聞和社群網站討論的熱門話題。由於DAZN獨占日本足球國家代表隊世界盃預賽的海外轉播權，因此想觀看比賽的消費者只能按照DAZN調漲的月費支付費用，或者放棄觀賞比賽。對於消費者來說不是0就是100的選擇，也是獨占市場的一項特徵。

05 Answer 2

在寡占市場容易發生圍標

寡占市場是指由少數幾家企業控制生產、銷售的市場。

寡占狀態的一大特徵是因為企業的數量少，各家公司都能一定程度地預測競爭對手的動向和採取的策略。由於總是會受到競爭對手的動向影響，各個企業有時便不追求自己的利潤，而是試圖謀求共同利潤的最大化，企業之間會形成卡爾特（同業聯盟）進行圍標。在寡占市

寡占企業間的謀略 ～卡爾特～

> 這次我們退讓，下次就……

> 請設定更高的金額，以便我們公司能夠拿到訂單。

> 上次感謝各位。

投標箱

卡爾特（同業聯盟）是指企業或是經營者為了壟斷市場，針對價格、生產計畫、銷售區域等所做的協定。尤其是針對政府機關的買賣、承攬契約等的招標制度進行事前協商，稱為「圍標」。

長久以來屢屢被日本媒體報導的是建築業界的圍標事件。近年，如2020年參與中央新幹線建設工程的大型土木承包商（大林組、鹿島、清水建設、大成建設4家）的圍標事件就被判有罪，並須支付約43億日圓的罰款。

圍標會導致得標業者以不合理的高價承攬工作，而這些公共工程的費用是由稅金支付的。圍標事件可以說是浪費稅金的最典型案例。

62

場中，即使是競爭對手，透過協商、勾串更有可能獲得更大的利潤。

在這樣的市場中，對於競爭對手有很大影響力的龍頭企業稱為「價格領袖」。

事實上，**我們的生活周遭有許多寡占行業**。這些例子包括汽車、智慧型手機的作業系統等。

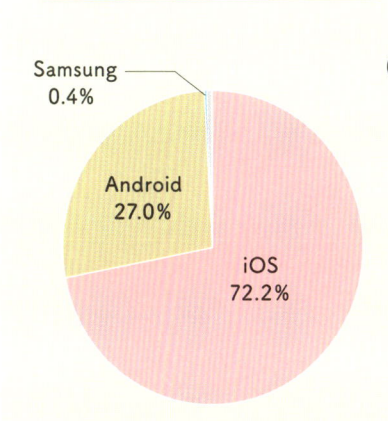

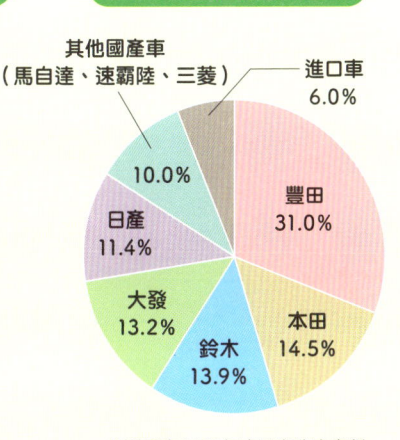

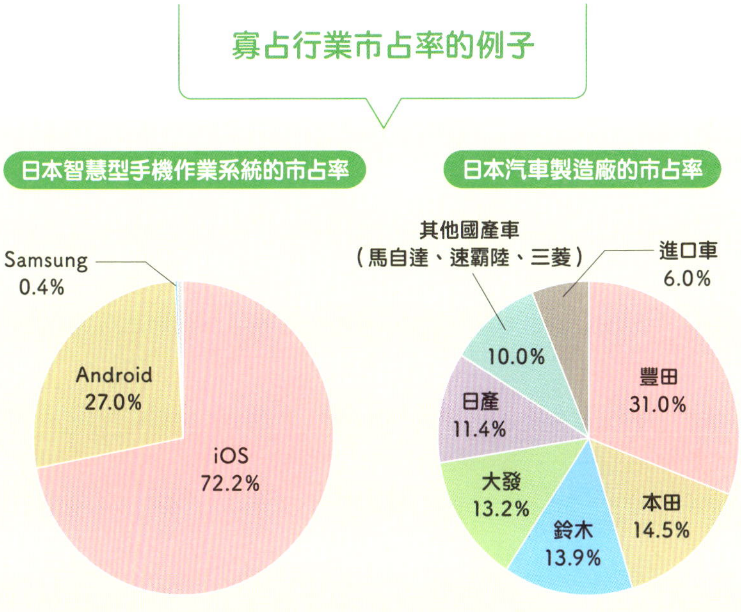

寡占行業市占率的例子

日本智慧型手機作業系統的市占率

- Samsung 0.4%
- Android 27.0%
- iOS 72.2%

※引用自2021年度日本政府資料

日本汽車製造廠的市占率

- 其他國產車（馬自達、速霸陸、三菱） 10.0%
- 進口車 6.0%
- 豐田 31.0%
- 本田 14.5%
- 鈴木 13.9%
- 大發 13.2%
- 日產 11.4%

※引用自2021年度日本政府資料

「寡占市場」即是「由少數企業控制的市場」。例如，以個人電腦的作業系統來說就是微軟或蘋果；智慧型手機的話，實質上也是iPhone（iOS）和安卓二者選一。而以日本國內的汽車製造廠來說，扣除專攻輕型車的鈴木、大發之後，豐田、本田和日產占據大半的轎車市場。此外，如果是遊戲機的話，索尼、任天堂、微軟則是當中的霸主。

日本的手機電信業長年來是由NTT Docomo、軟體銀行、KDDI這3大公司寡占的狀態，但樂天電信加入之後，為價格競爭打開了一個破口。今後的發展備受關注。

63　Chapter2 ◆ 企業活動中的經濟學

寡占行業是一場互相揣測對方意圖的博弈？

Question 06

→ Keywords 賽局理論、納許均衡、無名氏定理

Answer

必須不斷揣測對方的策略並選擇最佳的行動才能獲勝

在寡占市場中，企業在擬定策略的時候會觀察競爭對手的動向。彼此都採取最佳策略因而陷入僵局的狀態，稱為「納許均衡」。

牛肉蓋飯 **95元**

A

價錢比B和C要貴，因此使用品質更好的肉。

牛肉蓋飯

64

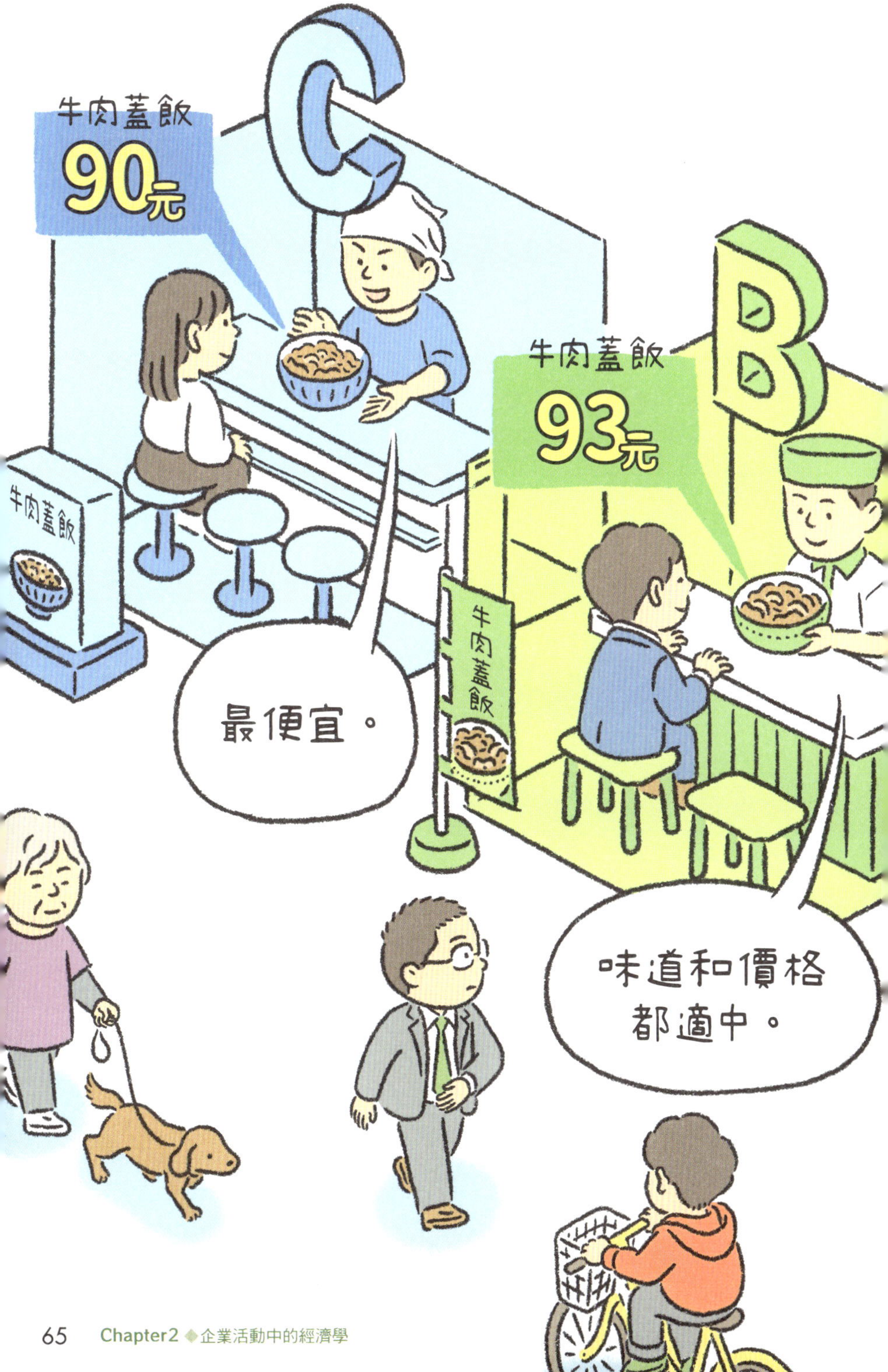
牛肉蓋飯
90元
牛肉蓋飯
93元
牛肉蓋飯
牛肉蓋飯
最便宜。
味道和價格
都適中。

06 Answer

互相揣測對方的意圖並據以採取行動

在寡占行業中，各個企業會預測其他公司的動向，思考對自己最佳的行動是什麼。在預測對手策略的同時追求自身利益的經濟活動，可利用諾貝爾經濟學獎得主約翰・納許（John Nash）加以公式化的「賽局理論」來進行分析。在這套理論中，參與者**互相選擇對自己最好的選項的狀態，稱為「納許均衡」**。

而相對於柏拉圖最適

「納許均衡」指的是參與賽局者都選擇對自己最佳的策略的狀態

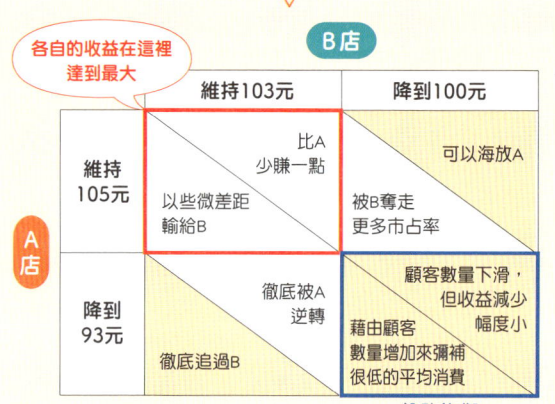

	B店 維持103元	降到100元
A店 維持105元	比A少賺一點 / 以些微差距輸給B（各自的收益在這裡達到最大）	可以海放A / 被B奪走更多市占率
A店 降到93元	徹底被A逆轉 / 徹底追過B	顧客數量下滑，但收益減少幅度小 / 藉由顧客數量增加來彌補很低的平均消費（**納許均衡**）

舉例來說，假設一碗普通大小的牛肉蓋飯賣105元的A店十分在意競爭對手B店（一碗賣103元），考慮調降售價。

不過，A店預想到降價有可能在價格上贏了B店，但卻輸掉味道，因而認為「一口氣降到93元，以價格來決勝負」是最佳策略。相對於此，B店雖然很在意A店的降價舉動，但是因為知道自己能夠以味道取勝，所以認為「降價到100元，並強調味道和分量維持不變」是最佳策略。

儘管雙方的營業額都會比降價前低，但「寧可對抗也不要大幅輸給對方」，於是各自採取對自己最佳的行動。

（→第56頁）指的是實現資源最佳分配的狀態，納許均衡則是指每個人都選擇從各自角度來看的最佳策略，也就是說「除此以外的選項都存在利潤減少的風險」。

另外，在賽局只有一次的情況下，自己單獨退出同業聯盟等出其不意的「非合作」行為會導致納許均衡，但**在反覆進行的賽局中，納許均衡會傾向於「為防止報復而互相合作」**。這稱為「無名氏定理」。

> 在反覆進行的賽局中，「無名氏定理」會起作用，促使彼此合作

> 我要是偷跑一定會被報復……還是別降價了！

在反覆進行的賽局中，「互相合作」的狀態可能存在著納許均衡。舉例來說，右頁的A店決定降價，將牛肉蓋飯從105元降到93元。對此，假設B店為了與A店抗衡，決定把價格從103元調降到88元。之後，假使A看到這種情況後，考慮進一步調降到80元的話，整體的利益將會減少，導致兩敗俱傷，而A和B都注意到了這一點。

換句話說，面對不合作的對手，自己只要降價一次，之後就必須一直採取「報復（即降價）」策略，如此不僅無法出其不意地贏過對手，反而會因為互相報復導致更大的損失，從而認為一開始就合作才是更明智的選擇。如上所述，在反覆進行的賽局中「合作」會形成納許均衡，這就是「無名氏定理」。

上述的案例顯示了「即使是非合作賽局，當進行無數次競賽時，合作也會形成納許均衡」，而這裡所說的「合作」並不是指雙方透過協商決定價格的意思。

67　Chapter2 ◆企業活動中的經濟學

> 我想了解更多！

寡占行業之間無法合作是有原因的！

何謂囚徒困境？

囚徒困境是賽局理論的典型例子。

2名嫌犯在不同房間接受訊問，並告知2人以下的條件：

① 如果其中一人招供，另一人沒招供，招供的一方會判無罪，未招供的一方則判10年徒刑
② 如果2人都不招供，2人都會判2年徒刑
③ 如果2人都招供，那麼2人都是5年徒刑

……這下子2人應該選擇哪一個條件呢？

從各自的角度來看，最好的情況當然是①，自己不招供，而對方沒招供。不過，一旦2人都想同樣的事，同時招供的話，結果就是2人都被判處5年徒刑。

像這樣各人都選擇對自己最具有吸引力的選項時，就會招致比2人合作糟的結果（②：判處2年徒刑）更（③：判處5年徒刑），這點就是造成困境的原因。我們可以從第56頁所示的柏拉圖最適和納許均衡的概念來理解。

柏拉圖最適是指在沒有任何人受到損害的情況下，使某人的利益最大化的狀態。納許均衡則是指當每個人都為了追求自己的最大利益而行動時，整體所產生的均衡狀態。也

就是說，柏拉圖最適是判斷整體利益效率的標準，而納許均衡是基於個人理性判斷的均衡概念。

納許均衡的狀態是，在不清楚對方行動的情況下，想讓自己的利益最大化，因此必須避開自己有招供而對方招供的風險（10年徒刑），這麼一來自己只好招認。每個人都這麼想，最後便形成納許均衡狀態，結果就是③，2人同時招認，並且都被判5年徒刑。另一方面，柏拉圖最適是在不犧牲他人的利益下，自己的利益達到最大的狀態，所以①和②都是柏拉圖最適的狀

■囚徒困境

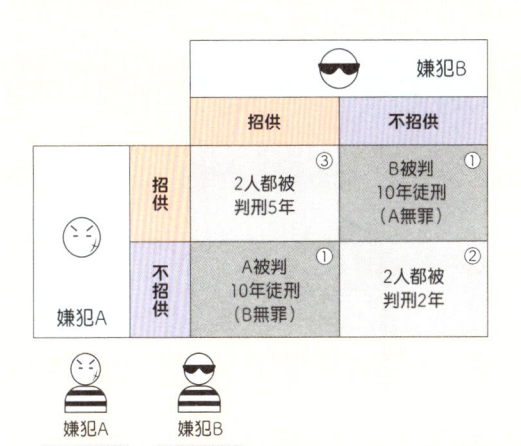

	嫌犯B 招供	嫌犯B 不招供
嫌犯A 招供	③ 2人都被判刑5年	① B被判10年徒刑（A無罪）
嫌犯A 不招供	④ A被判10年徒刑（B無罪）	② 2人都被判刑2年

不招供 × 不招供 → 雙雙被判2年徒刑 ➡ 柏拉圖最適情況中最理想的狀態

招供 × 招供 → 雙雙被判5年徒刑 ➡ 納許均衡狀態

同樣價格販售的情況所在多有。這時如果有一家公司降價促銷，那家公司就會大賺一筆。這和囚徒困境①的情況（1人招供，1人沒招供）相同。

然而在現實社會中，商品的銷售機會並非只有一次，而會長久持續。面對偷跑的企業，如果其他公司採取反擊策略，最後將是整個業界受害，而不僅是最初搶先降價促銷的企業。

在寡占之類的市場中為了避免出現這種情況，各家公司會選擇適度控制自己的利益，以優先實現業界整體的最大利益。最

態，而就結果來說，②較為理想。

現在讓我們來看看實際的市場吧。在寡占行業中，類似商品被以

後的結果往往是所有公司進行實質上的合作，而沒有一家公司單獨行動。這項理論被稱為「無名氏定理」。

Chapter2 ◆企業活動中的經濟學

市場在什麼情況下不能正常運作？

Question 07

Keywords　市場失靈、外部性、資訊不對稱、公害、公共財、逆向選擇、道德風險

涉及外部因素時　**Answer1**

即市場以外的外部因素對企業等造成影響的情況。著名的例子就是公害。

外部性

公共財　　公害

河川被汙染了，公司卻賺錢！

反對公害！
清乾淨！

資訊不對稱

道德風險

你家失火了！

在床上抽菸又不會被發現對不對？

何況我有買保險，安啦！

逆向選擇

我要這輛車。

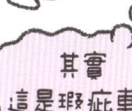

謝謝惠顧！

其實這是瑕疵車。

這樣市場根本沒有正常運作！

Answer2 當資訊不對稱時

即賣方（供給）和買方（需求）之間存在資訊落差的情況。火災保險就是一個很好的例子。

07
Answer 1
當牽涉市場以外的外部因素時

市場未正常運作的狀態稱為「市場失靈」。除了「獨占、寡占」（↓第58～67頁）之外，「外部性」、「資訊不對稱」等影響也會導致市場失靈。

外部性是指某個個人或企業的行動沒有經過市場，而對其他經濟主體的行動造成影響。

「借景」是正面的外部因素的一個例子，稱為「外部經濟」。另一方面，負面的外部因素被特別稱

外部經濟的典型例子：「借景」

經常被舉出作為外部經濟例子的就是「借景」。比方說，隔壁家的庭園維護得很漂亮，於是可用借景的方式，將那片景觀融入自己的庭園。這時就能免費欣賞到鄰家的庭園（也就是未經過市場），所以是發生正面的影響。

> 真美的庭園。

外部不經濟的典型例子：「公害」

刪減預防公害發生的經費會讓企業的利潤增加，但卻會對周遭的環境造成負面影響（外部不經濟）。這種情況可說是市場因為外部不經濟而失靈。

為「外部不經濟」，公害是其中的代表。

「公共財」也是由外部性所引起的市場失靈之一。它所指涉的包括了公共衛生、道路、港灣、公園、警察、國防等，這些都是由國家或地方政府等供應，而非透過市場。

公共財具有以下2個特性，一是「消費的非競爭性」，即不會因為某個人消費了公共物品或服務而減少其他人的消費；二是「不能排他性」，即不能將沒有支付稅金等費用的人排除在外。

「公共財」是
不經過市場的一種外部因素

可以同時和其他人一起利用。

消費的非競爭性

沒有負擔費用，也能利用。

不能排他性

讓我們用道路的例子來思考「消費的非競爭性」和「不能排他性」這2個特性。道路不會因為我們走在路上，其他人就不能走（非競爭性）；對於外國來的觀光客，也不可能因為他們沒繳稅就限制使用（不能排他性）。道路是日常生活必要之物，確實有其需求，但對企業來說，供給無法獲得足夠的回報，因此不願意投入市場。結果就是由國家以公共事業的形式來供應道路這項公共財。

像這樣，在市場中供需失衡，無法達成柏拉圖最適的狀態稱為市場失靈。

07
Answer 2
當資訊不對稱時

市場失靈的原因還包括「資訊不對稱」。資訊不對稱是指在有關商品的資訊方面,賣方和買方間存在資訊落差的情況。

舉例來說,在中古車市場進行買賣。關於商品的品質,賣方和買方可以得知的資訊量存在差異。這時,買方透過市場想要挑選好的商品,卻因為資訊不足,最後可能選到品質不佳的商品。由於前提是中古車,因而害怕買到

「資訊不對稱」所帶來的問題

很划算唷！

那麼便宜,就選它吧。

20萬元

其實是事故車……

保持「資訊對稱」,亦即買方和賣方擁有同等的資訊,是經濟活動進行得當的重要條件。

在中古車市場,消費者在挑選商品時會心想:「雖然希望買到狀態良好的中古車,但它可能擁有某些缺陷……」害怕買貴了吃虧,結果更有可能去選擇便宜但有瑕疵的車。就賣方來說,品質良好才會訂定比較高的價格,但是這樣的訊息並未與消費者共享,使得劣質商品的需求增多,發生劣幣驅逐良幣的情況。按照原本的行駛里程提供維修補償等,是解決此問題的對策之一。

高價又劣質的中古車，便優先選擇便宜、低品質的車。這種現象稱為「逆向選擇」，結果導致市場上狀況差的中古車變多，而品質好的中古車遭到淘汰的問題發生。

交易後的資訊不對稱仍然會引發市場失靈。火災保險和汽車保險就是很好的例子。

> 交易後的「資訊不對稱」

> 即使發生車禍，但我有投保汽車險，安啦！

資訊不對稱所造成的經濟損失不限於交易前。交易後發生的「道德風險」也是這類情況的一個例子。

「道德風險」一般多半用來表示「缺乏倫理觀念」的意思，但它作為經濟學的術語則是指，完備了回避風險的手段和機制後，反而讓人們變得漫不經心、粗心大意，使得發生危險和意外的機率提高。

例如，投保汽車險引發道德風險的情況。投保了汽車險之後，有些人便覺得「就算發生車禍也無法判斷是否為故意」，反而降低了對安全駕駛的意識，開車變得很馬虎、不小心。

Column 02

融合心理學與經濟學的行為經濟學

傳 統經濟學一直是以「完美的個人」為模型進行分析。「完美的個人」既理性且利己，試圖追求最大的金錢利益。然而，人類的心理很複雜，實際上常常採取非理性的行動。試圖將這類心理應用於經濟學的學問就是行為經濟學，可以說是心理學與經濟學的融合。行為經濟學因2002年丹尼爾・康納曼（Daniel Kahneman）獲得諾貝爾經濟學獎而開始受到矚目。行為經濟學同樣是利用經濟實驗、問卷調查等心理學的研究方法來進行分析。

人 類心理與傳統經濟學模型相異的例子經常可見。受到「限時特賣」的文字吸引而購買原本沒打算使用的高級品（錨定效應）；想避免損失的心理導致對事實的認知被扭曲（展望理論）；基於不想浪費已經花費的時間和金錢這類沉沒成本而購買高價商品的消費傾向。此外，還有以眼前的利益為優先的現時偏誤。這些全都可以證明人類的心理很複雜，而且可能變得不理性。我們已知，透過驗證這些心理可以解釋與經濟基本情況相去甚遠的股市波動、非自發性失業等各種經濟和社會現象，同時也可運用於市場行銷。

現在，行為經濟學已成為跨學科的學問，甚至啟動了神經經濟學的研究，即試圖以神經科學的手法解明人類做決策的手法。經濟學隨著與其他領域的融合，正不斷進化中。

Chapter 3

與政府的經濟政策和經濟成長相關的

經濟學

經濟衰退時
政府如何干預經濟？
此外，其理論的基礎為何？
本章中我們將聚焦於凱因斯的理論，
並分析政府與經濟的關係。

Question 01
「政府」與「經濟」是什麼樣的關係?

Keywords 資源分配、皮古稅、寇斯定理、所得重分配

資源分配

獨占

外部性

Answer1

對資源做最佳配置,努力提升市場的效率

政府會對獨占企業和對外部造成不良影響的企業實施監管,調整「資源配置」,努力提升市場經濟的效率。

78

Answer2　將所得重分配以消除差距

政府透過社會保障、累進課稅等手段進行「所得重分配」，以糾正市場經濟造成的不公平和不平等這類差距。

所得重分配

01 Answer 1

政府藉由「資源分配」努力提升市場的效率

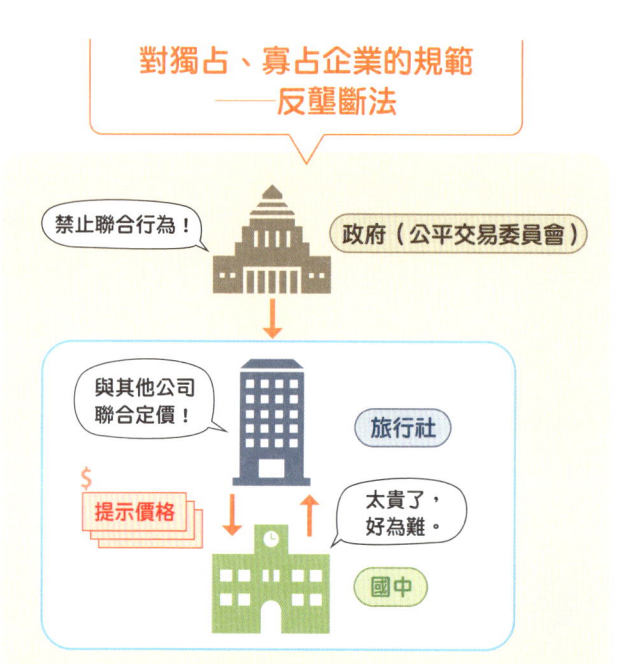

政府具有矯正市場失靈（→第66～71頁）的職責。其方法之一是「資源分配」。

舉例來說，獨占市場的情況。獨占企業即使調高商品的價格也不會被競爭對手搶走顧客，因此可以設定較高的價格。因為是獨占企業，作為價格決定者，可以自由設定對自家公司有利的商品或服務的價格。對於這樣的市場失靈狀況，政府會透過將

對獨占、寡占企業的規範——反壟斷法

> 禁止聯合行為！

政府（公平交易委員會）

> 與其他公司聯合定價！

提示價格

旅行社

> 太貴了，好為難。

國中

國家制定「反壟斷法（公平交易法）」禁止獨占、聯合壟斷、圍標等不公正的交易，藉以提升市場效率，維持公正且自由的競爭環境。

實際發生過觸犯反壟斷法的案例是，5家旅行業者就某國中校外教學的旅費達成協議的事件。由於此一行為實質上限制了旅行商務市場的競爭，公平交易委員會因而認定它構成「聯合行為」，向旅行業者發出了停止令。

資源進行最佳的配置，試圖藉此導正市場非效率的現象。具體來說，政府會利用反壟斷法等手段來**干預獨占企業的生產量和價格操作**。

另外，政府也會針對公害實施監管並進行資源分配。刪減預防公害的經費將使企業的利潤增加，但會對周遭環境造成負面影響。政府為了防止這類情況發生，因而**對二氧化碳的排放量課稅**、制定排放標準。

對公害、環境的監管① ——皮古稅

為了糾正像公害這樣的市場失靈，有一種叫做「皮古稅」的措施。這主要是由英國經濟學家亞瑟・皮古（Arthur Pigou）所提出的。現今日本已對二氧化碳排放量進行課稅，例如：石油和石油製品平均每1公升被課以2,000日圓左右的稅金。

防止地球暖化的課稅措施

原油、石油製品	LNG、LPG	煤炭
2,040日圓 / kl	1,080日圓 / t	700日圓 / t

出處：日本資源能源廳網站
http://www.enecho.meti.go.jp/category/resources_and_fuel/coal/tax.html

對公害、環境的監管② ——寇斯定理

「寇斯定理」是政府不出手干預，在民間層面解決市場失靈的一種方法。這是由諾貝爾經濟學獎得主羅納德・寇斯（Ronald H. Coase）所提出的理論。其想法是「既然每個人都考慮自己的利益，就由當事人自己去談判，達成最佳的資源分配」。

製造汙染的企業

我付賠償金，請原諒我。　OR　我們付你錢，別再製造汙染。

汙染受害者

即使沒有政府干預也可以化解市場失靈的狀況

81　Chapter3 ◆與政府的經濟政策和經濟成長相關的經濟學

01
Answer 2

政府透過「所得重分配」消除差距

一個人在從事經濟活動之際，自力更生前父母的經濟實力很重要。如果從小就開始工作，不但無法接受高等教育，沒有資金的話也無法展開生產活動。也就是說，僅依賴市場機制，整個社會將無法實現理想的狀態，並且會出現很大的所得差距。

為了導正這種不公平和不平等的狀況，「所得重分配」也是政府很重要的職責。即透過稅收等方

> 有助於所得重分配的制度①
> ——社會保障

日本健康保險的自我負擔比例（原則）

1成（原則）		75歲以上
2成（原則）	70歲以上未滿75歲	未滿6歲（學齡前）
3成	6歲（學齡後）以上未滿70歲，70歲以上收入與退休前相當者	

社會保障制度是透過讓多數人分擔少量費用，藉此來幫助經濟上較不寬裕的人。制度設計成收入較高的人負擔較多。

舉例來說，生活保護制度是用來救濟因疾病或意外受傷等原因，無法從事經濟活動且無法獲得足夠收入的人。就業保險的失業津貼是為沒有工作、失去收入的人提供照顧；健康保險則是減輕疾病和意外受傷時自我負擔的費用。政府必須建立這樣的制度並妥善經營。

82

式，從經濟上富裕的人那裡獲得更多的收入，並適當地重新分配。

生活保護、就業保險與年金等的**社會保障，可說是救助經濟弱勢族群的制度**。

同樣的，**累進課稅制度**是對收入高的族群徵收較多的稅金；**最低工資制度**則是確保能夠賺取足夠的收入，藉以過著穩定的生活。

有助於所得重分配的制度② ——累進課稅制度

累進課稅制度是所得重分配的有效手段之一。累進課稅制度是對收入高的人和遺產多的人課以較高稅率的所得稅和遺產稅，以縮小手邊的剩餘所得，以及減少財產多的人和少的人之間的差距。

日本所得稅稅率的結構

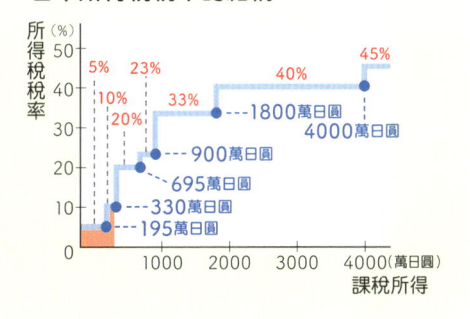

所得稅稅率(%)
- 5%
- 10% — 195萬日圓
- 20% — 330萬日圓
- 23% — 695萬日圓
- 33% — 900萬日圓
- 40% — 1800萬日圓
- 45% — 4000萬日圓

課稅所得(萬日圓)

有助於所得重分配的制度③ ——最低工資

最低工資制度是指，雇主必須支付員工超過國家根據《最低工資法》所訂定的最低工資。其主要目的是穩定勞工的生活。不過，此制度也有一項缺點，即調高最低工資可能導致雇主減少雇用勞工，使失業率上升。

最低工資（時薪）的變化（東京都）

年	日圓
2012	850
2013	869
2014	888
2015	907
2016	932
2017	958
2018	985
2019	1013
2020	1013
2021	1041

出處：日本厚生勞動省

「GDP」是什麼？
能告訴我們什麼訊息？

Question 02

🏷 **Keywords** GDP、附加價值、經濟成長率、三面等價原則

利益 90元　210元　採買 120元（麵、配料、湯）

附加價值
=
銷售額－成本

84

附加價值的總和！
GDP

Answer

GDP（國內生產毛額）是指國內附加價值的總和

附加價值是企業等生產者創造出的產值，減去原料、燃料等中間產品後所創造出的價值。

85　Chapter3 ◆與政府的經濟政策和經濟成長相關的經濟學

02 Answer

GDP（國內生產毛額）是一國國民在一定期間內製造出的附加價值的總和

GDP意指「國內生產毛額」，即國內在一定期間內新創造的財貨和服務的**附加價值總和**。

附加價值指的是透過生產新增加的價值，以總產值（銷售額）減去原料費等成本後的餘額。

GDP經常被用來當作一國經濟實力的指標，並與各國做比較。

另外，從GDP與前一年同期或上一期相比增減多少，可以預估國內的

GDP是附加價值的總和

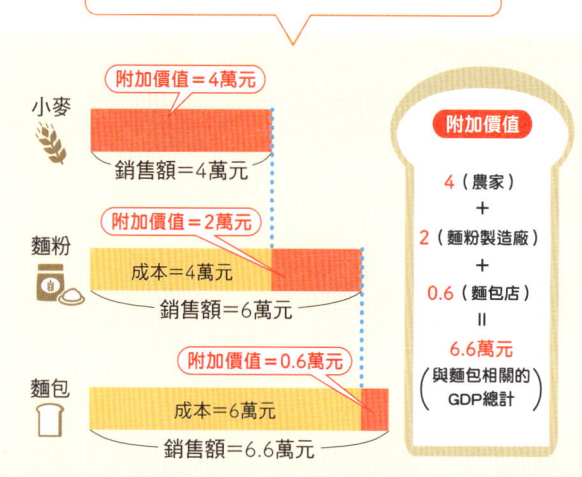

小麥
附加價值＝4萬元
銷售額＝4萬元

麵粉
附加價值＝2萬元
成本＝4萬元
銷售額＝6萬元

麵包
附加價值＝0.6萬元
成本＝6萬元
銷售額＝6.6萬元

附加價值
4（農家）
＋
2（麵粉製造廠）
＋
0.6（麵包店）
＝
6.6萬元
（與麵包相關的GDP總計）

我試著用具體的例子來解釋GDP等於附加價值的總和這件事。首先，假設農家種植小麥創造出4萬元的價值。這時的附加價值就是4萬元。假設接下來工廠用這些小麥製作價值6萬元的麵粉。這時的附加價值就是麵粉的價錢減去原料（小麥）後的金額。也就是6萬元－4萬元＝2萬元。最後，麵包店用麵粉製作了價值6.6萬元的麵包。這時的附加價值是6.6萬元－6萬元＝0.6萬元。

因此，這裡GDP的總和就是「4萬元＋2萬元＋0.6萬元＝6.6萬元」。

86

景氣變動和經濟成長，而將它用百分比來表示就稱為「經濟成長率」。

政府的主要目的包含了「穩定整體經濟」，經濟成長率作為其中一項指標而備受重視。

此外，關於GDP有個經濟學原理，稱為「三面等價原則」，即無論從生產、支出或分配任何一個面向去計算，結果都會一樣。

生產面、所得面和支出面都相等！
三面等價原則

生產（產值） GDP（國內生產毛額）

企業　　賣方

生產＝分配＝支出

家計　　買方

GDI（國內所得毛額）　分配（以所得形式進行分配）

支出（消費金額）　GDE（國內支出毛額）

GDP是從生產面來衡量國民經濟，即使從支出面（GDE）和分配面（所得面：GDI）來看一國的經濟活動，這3個數也會相等，這被稱為「三面等價原則」。

從經濟學的角度來看，右頁圖表生產的麵包會全部被消費者購買。也就是說，麵包店的總產值和消費者的購買總額（支出）相等，都是6.6萬元。

此外，麵包店的附加價值0.6萬元是麵包店員工的工資。麵包店所產生的附加價值成了某人的所得。同樣的，農家和麵粉製造廠所產生的附加價值也定會以某人所得的形式被分配。因此，「生產＝支出＝分配（所得）」的三面等價原則得以成立。

凱因斯經濟學如何處理經濟衰退？

Question 03

Keywords：凱因斯、貨幣政策、財政政策、有效需求

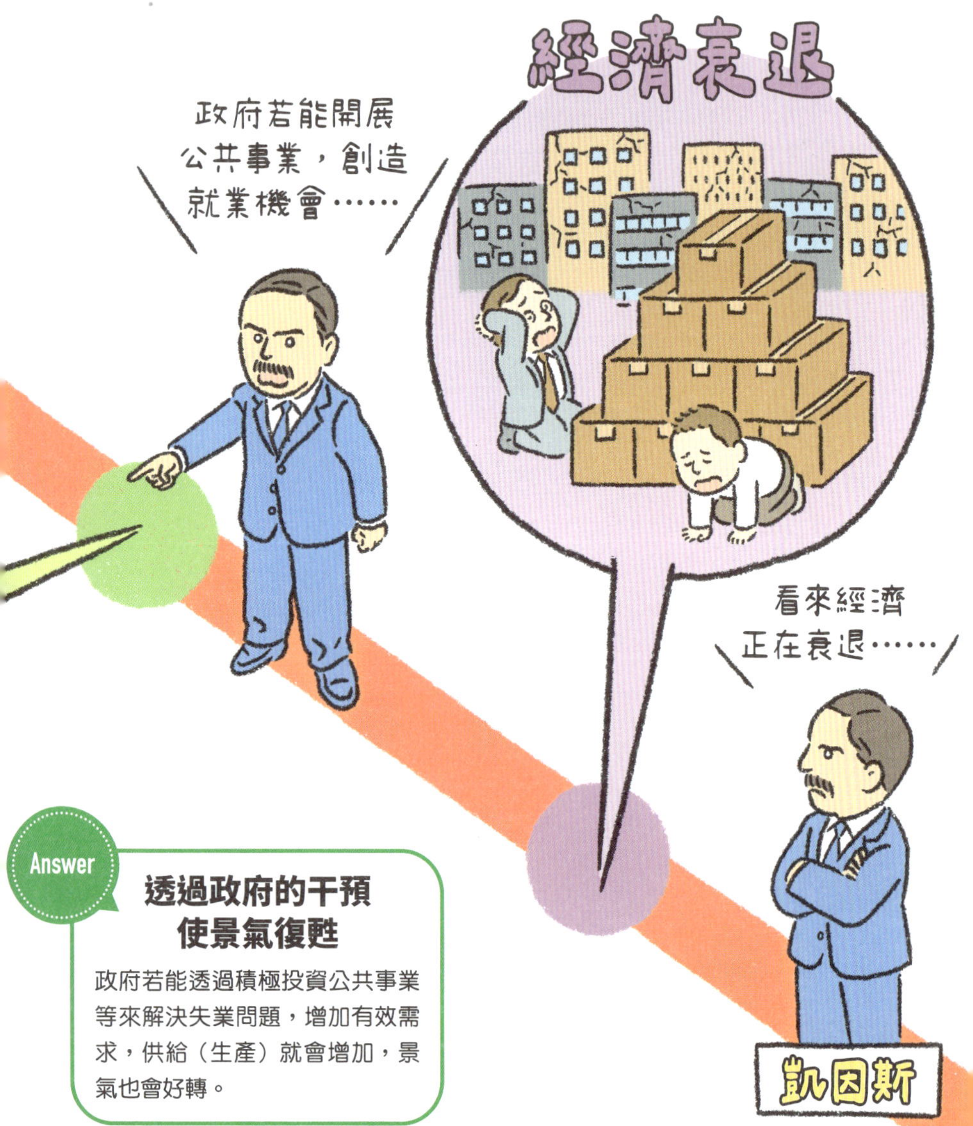

經濟衰退

政府若能開展公共事業，創造就業機會……

看來經濟正在衰退……

凱因斯

Answer

透過政府的干預使景氣復甦

政府若能透過積極投資公共事業等來解決失業問題，增加有效需求，供給（生產）就會增加，景氣也會好轉。

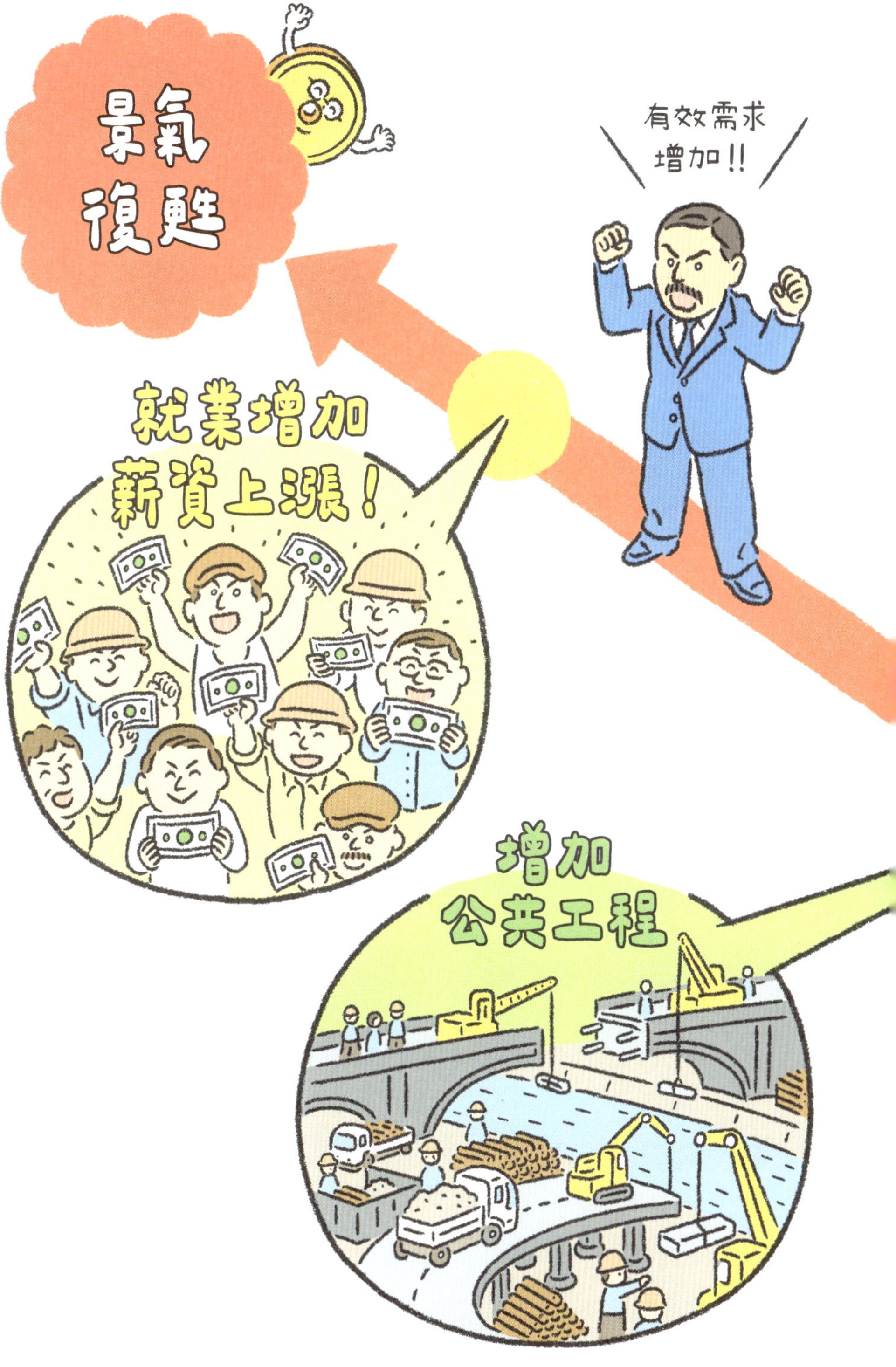
景氣
復甦
有效需求
增加!!
就業增加
薪資上漲！
增加
公共工程

03 Answer

政府若能透過投資增加需求，景氣就會復甦

傳統的思維認為，當經濟衰退，貨物賣不出去，也就是供給過剩的時候，「看不見的手（→第22頁）」會發揮作用使價格下降，自動達到供需平衡並穩定下來。

對此提出異議的是凱因斯。他認為短期價格不會變動，供給過剩（即經濟衰退）的情況會持續。也就是說，「對於短期的供給過剩，企業會先以減產因應而非降價，因此

「看不見的手」不起作用的世界

哎呀？調節的狀況並不順利……

看不見的手到底在哪裡！

沒賣完的

始於亞當‧斯密的古典學派認為，即使經濟衰退導致商品滯銷也只是暫時性的，隨著時間過去，「看不見的手」會發揮作用讓價格下跌，透過調整以達到供需平衡。

對此，凱因斯認為，短期來說「看不見的手」並不會發揮作用，經濟會陷入衰退，使失業人數增加。凱因斯展開論述並指出，1929年發生的經濟大蕭條證明了看不見的手並未發揮作用，也就是說，供需平衡無法透過自然的價格下跌來調整。

90

調整供給和需求之間差距的是數量，不是價格。在經濟衰退時，**看不見的手與企業實際的動向是相反的**」。

凱因斯進一步主張，**政府面對經濟衰退有必要積極干預市場**。在貨幣政策上降低利率；在財政政策上展開公共投資，創造就業機會，藉由這些措施使勞工的工資增加，最終有效需求也會增加，需求不足和供給過剩的情況得到改善，於是景氣復甦。

當政府干預市場，景氣將會復甦

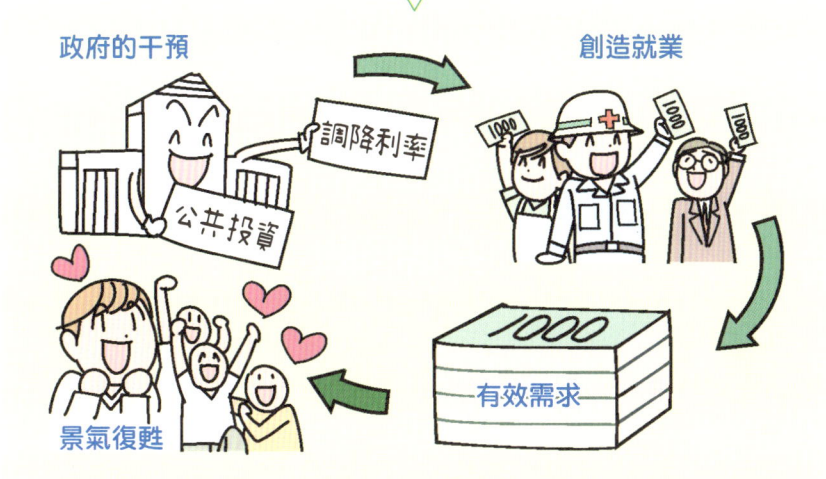

政府的干預　　　　創造就業

調降利率

公共投資

有效需求

景氣復甦

凱因斯認為政府的干預對於擺脫經濟衰退很重要。

首先，貨幣政策要調降利率。利率如果降低，企業將會更容易借錢進行投資。企業的投資會帶動接訂單的企業業績提升，並創造就業和提升工資。

第二是政府自行投資。政府若投資公共事業等，投資對象的就業機會就會增加，該企業的業績也會提升。

他認為這些舉措將會導致有效需求增加，庫存賣出，也就是說，「有效需求＝供給」，景氣得以好轉。

此外，「有效需求」不同於單純的消費欲望，而是指有經濟力支撐的物質欲望。比方說，當我們產生「想要一台車」的想法時，如果實際上沒錢買車，就只是單純的欲望；而如果有錢買車，那就是有效需求。

Question 04 凱因斯經濟學的具體政策是什麼？

Keywords 財政政策、乘數效應

美國經濟大蕭條

羅斯福總統

我失業了～！
怎麼辦～！?
公司倒了～！

羅斯福新政
政府會提供工作給所有失業的人～～！

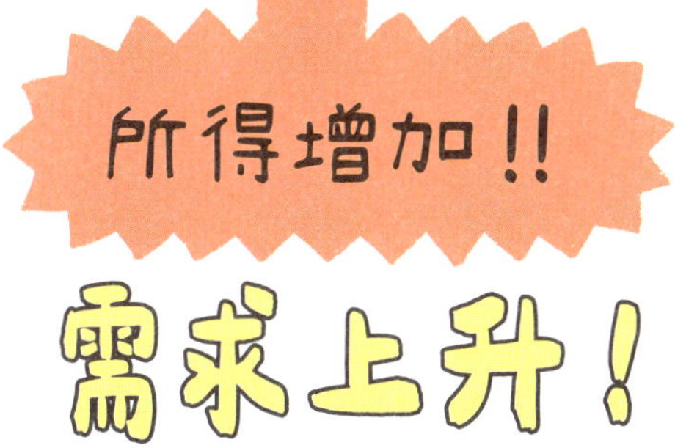

Answer

進行公共投資，增加有效需求

為了因應1929年的經濟大蕭條，羅斯福總統根據凱因斯的理論實施新政，進行大規模的公共投資。

04 Answer

為了提供失業者工作機會，政府積極開展公共事業（投資）

面對1929年肇始於美國的經濟大蕭條，當時的美國總統羅斯福於1933年推行了一項被稱為「羅斯福新政」的政策，將凱因斯的理論付諸實踐。該政策尤其具代表性的是，田納西河谷管理局所推動的公共工程。需要許多勞力的公共工程為失業者提供了再就業的機會。像這樣由政府自己出錢，試圖讓經濟擺脫衰退的政策就稱為**財政政策**。

財政政策的涵義為何？

財政政策是指政府為了防止景氣低迷而實施的經濟政策，如擴大或縮小公共工程、增稅或減稅等。尤以經濟衰退時所進行的公共工程為其代表。這類政策如果能發揮作用，企業和勞工都會受惠，有效需求最終將會提高，以至於景氣回升。

不過，也有人批評這類政策是「撒幣政策」。事實上，當代對於過度的財政政策也有不少人抱持否定意見。

處於失業狀態沒有收入而節制消費的人，因為獲得雇用而有了收入，消費也增加。這麼一來，企業的獲利當然也會增加。獲利增加的企業再把獲利回饋給勞工，於是這筆錢又進一步促進了消費。經濟效果就這樣滾雪球式地擴大。這稱為**乘數效應**，景氣便在這種效應下逐漸復甦。

經濟效果滾雪球式地擴大!?
何謂乘數效應？

政府 → 財政支出 10萬元 → A家庭 → 消費 7萬元 → A公司 → 薪水 7萬元 → B家庭 → 消費 4.9萬元 → B公司

10萬元 → 17萬元 → …… → 21.9萬元

約 **2.19 倍**

※最終效果為 3.33

乘數效應是一種在財政政策中特別明顯的現象。

舉例來說，假設政府透過公共工程支出了10萬元。於是，因公共工程使所得增加10萬元的A家庭，將其中的70％用於消費，向A公司購買產品。於是A公司的營業額增加了7萬元。假設A公司將增加的7萬元以薪水的方式轉給B家庭。B家庭花用其中的70％購買B公司的產品。這時B公司的營業額便增加4.9萬元。

最後，因財政支出的10萬元，加上A公司和B公司的營業額分別增加了7萬元和4.9萬元，經濟規模合計擴大了21.9萬元（2.19倍）。像這樣累積的效果就是乘數效應。由於投資額的70％轉到消費上，因此這個例子的最終效果為3.33。

> 我想了解更多！

和凱因斯學派唱反調的新自由主義

如同凱因斯批判古典經濟學派的理論一樣，後起的學者之中也有人出來批判凱因斯。其中的代表就是提倡「新自由主義」的美國學者傅利曼（Milton Friedman）。

他批判凱因斯主張的乘數效應，即「政府的財政政策會讓所得增加，消費也跟著增加」。傅利曼提倡「貨幣主義」，主張應當根據中央銀行的規定，透過控制貨幣供給量來穩定經濟。這是一種重視貨幣政策的思維。

凱因斯認為，單靠市場經濟無法穩定經濟，需要政府的干預；而相對於此，貨幣主義則認為，國家不應該過度干預經濟，經濟活動應全面交由市場來決定。政府只要負責控制在社會上流通的貨幣數量，經濟就會順利運作。

舉例來說，經濟不景氣時，政府只要以貨幣政策增加貨幣的供給量，民間銀行也會利用增加的貨幣積極對企業放貸，進而帶動投資和消費。

回溯歷史，古典經濟學派的亞當·斯密主張放任市場自由運作，由看不見的手去驅動它。而回到此一觀點的思想就是「新自由主義」。信奉貨幣主義的重貨幣學派主張，如果能夠制定一定的規則，其餘的只要交由市場自由運作，景氣就會復甦。除此之外，傅利曼等人並認為，在國家進行各種干預之前，應當優先由下級地方政府去採取行動。因為如果是國家的政策，人民即使反對也很難立刻離開國家，但若是地方政府，人民則可以選擇居住的地點。此一觀點考量到了這方面的自由。

1

1980年代左右開始，提出「雷根經濟學」稱號的雷根，以及有「鐵娘子」稱號的柴契爾夫人這些受到新自由主義影響的政治家相繼登場。

	Q1：一旦經濟衰退的話？	Q2：理想的政府是？
亞當・斯密 （古典學派）	等待上帝	小政府 （干預降到最低限度）
凱因斯 （凱因斯學派）	增加就業	中等政府 （需要一定程度的干預）
傅利曼 （新自由主義）	調控貨幣	小政府 （干預降到最低限度）

他們將福利等的服務民營化、縮小化和收費化，致力於實現「小政府」。小政府體現了新自由主義的理念，即為了使經濟活動能夠自由進行，將對企業等的限制降到最低，同時對國民的服務和保障也降到最低的制度。

具體來說，就是減少企業的稅負、放寬管制，並刪減低效率的社會福利預算。日本自小泉內閣以來也在推行上述這樣的制度，如安倍內閣的安倍經濟學等，並取得了一定的成效。

然而，在國家鼓吹競爭之下，社會競爭變得更加劇烈，衍生出薪資差距等眾多問題。即使政府的干預要降到最低，但是國家仍然有必要保護弱勢族群。因此，新自由主義的理念也存在一些課題。

97　Chapter3 ◆ 與政府的經濟政策和經濟成長相關的經濟學

即使**財政赤字**也不必擔心？

Keywords 財政赤字、赤字公債、財政破產

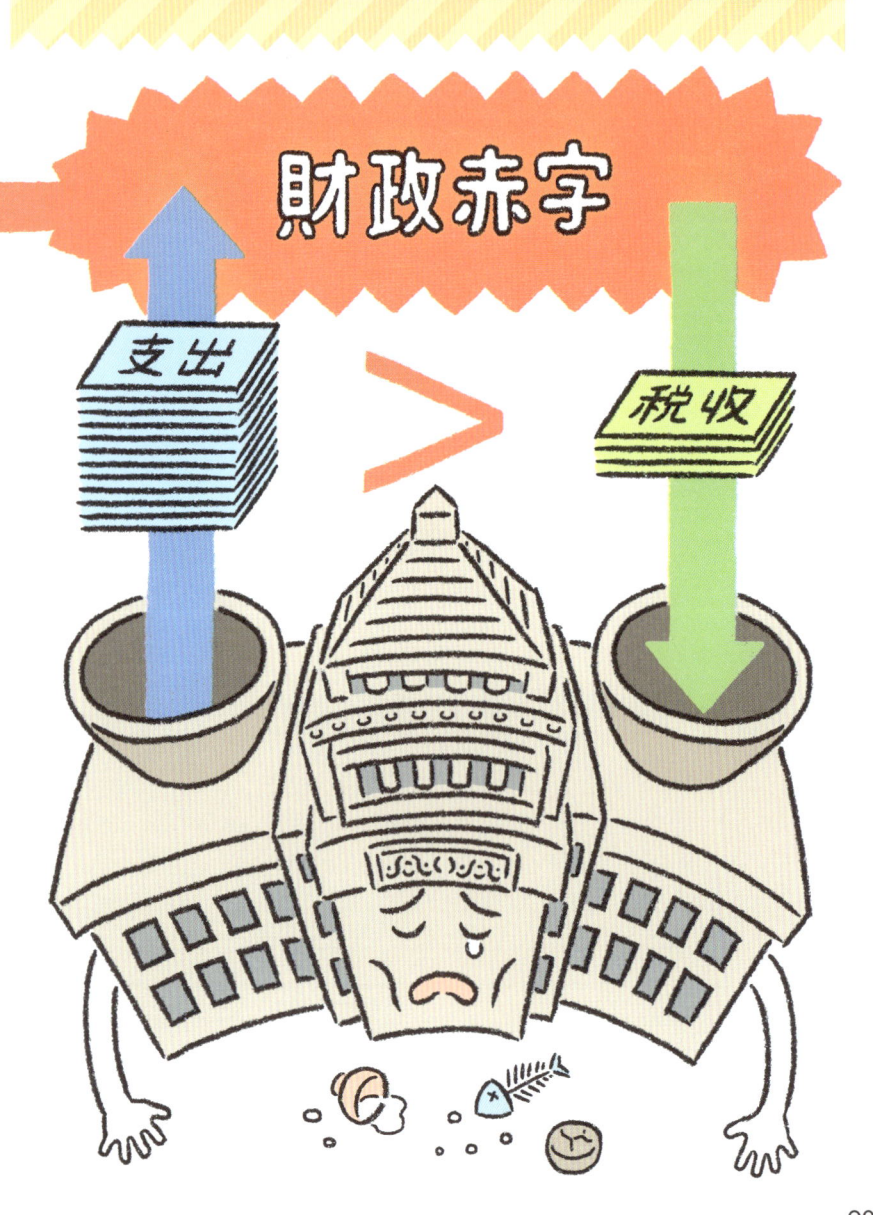

財政赤字

支出 > 稅收

財政赤字沒問題派

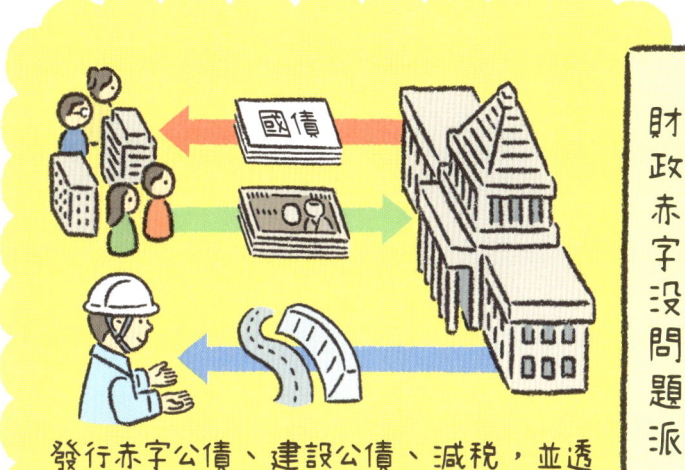

發行赤字公債、建設公債、減稅，並透過公共工程創造就業，景氣就會復甦

財政赤字有問題派

日本不太妙吧……？

這種狀態一旦持續下去，將在國內外引發信用疑慮，導致財政危機

Answer

學者間意見分歧

有一派學者不認為財政赤字是問題，但同時也有另一派學者主張，過度的赤字恐將導致財政破產。

05 Answer

適度的話很理想，可是一旦過度，恐將引發財政破產

政府**如果實施財政政策發行公債**，失業者將會減少，收入增加的勞工則會增加購買。消費增加會帶動其他企業的獲利增加，於是勞工的薪資和企業的投資也會增加，出現良性循環。

此外，因為人民消費增加，國家的稅收也會跟著增加，因而得以償還公債的債務。所以，財政赤字如果適度，可以透過財政政策使景氣復甦。

公債是什麼？

日本普通公債餘額的變化 編輯部根據政府資料製成

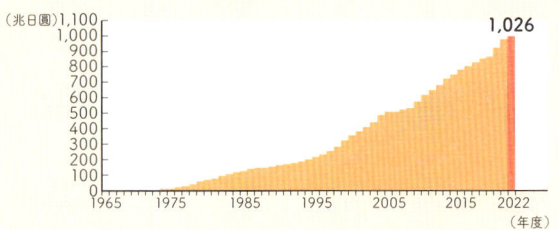

(兆日圓) 1,026

註：到2020年度為止是實際數字；2021年度是修正後的預算；2022年度是根據預算的預估值。

企業或團體向銀行等機構借取資金時所發行的一種借款證明就是「債券」，其中，由國家發行的債券就稱為「公債」。簡單來說就是國家的借款。

投資人透過購買公債把錢借給國家。買入公債後，若一直持有至期滿為止，便可以收到最初投資的本金加上利息。赤字公債指的是，為了填補財政經常性經費的赤字而發行的特別公債。赤字公債的發行在《財政法》上並不被認可，因此制定特別法來發行。目前日本的公債餘額約1,000兆日圓，為財政上的一大問題。另外，用於公共工程的建設公債是《財政法》上認可的公債之一，上述的公債餘額也包含建設公債。

不過當公債持續增加時，市場對公債的信任會開始下降，可能導致沒有投資人願意購買公債。相關因應對策如增加日本央行的購買量，不過這麼一來日本央行會失去它的信譽，投資人也可能拋售日銀券（日圓），恐將導致**財政破產**。

關於這個問題，專家們的意見分歧。有些專家擔心巨額公債的風險，另一方面也有些專家主張日本公債是以日圓計價，沒有問題。

擔心會破產的希臘債務與目前日本的債務

日本
債務總額（單位：10億日圓）
2009年：983,455.30
2022年：1,462,246.91

GDP比（單位：％）
2009年：198.70
2022年：262.54

希臘
債務總額（單位：10億歐元）
2009年：301.06
2022年：370.61

GDP比（單位：％）
2009年：127.82
2022年：185.41

※根據國際貨幣基金組織截至2022年4月的推算

以日圓計價就沒問題？

沒問題才怪？

編輯部根據政府資料製成

希臘財政危機是國家級財政問題的一個例子。2009年希臘政權更替之際，發現每年存在著巨額的財政赤字。從此希臘政府公債的信用崩潰，價格暴跌。為了防止希臘財政破產，國際貨幣基金組織（IMF）和歐盟決定提供紓困貸款。但同時也要求希臘實施嚴厲的改革措施作為附帶條件，例如增稅、年金改革、公務員改革等。最終希臘人民承受了巨大的痛苦，避免國家的財政破產。

現在的日本存在1,000兆日圓的龐大債務，是當時希臘的20倍以上，擔心財政破產的聲音愈來愈大。

但是另一方面，也有專家主張，希臘國債是以歐元計價，與歐盟各國關係密切，但日本國債是以日圓計價，日本政府和日本央行會預先準備還款資金，所以不會破產。財務省也發表了類似的看法。

Question 06

為什麼消費稅不斷增加？

🔖 **Keywords** 消費稅

> 我不行了。因為少子化和人口老化，使得工作的人不斷減少。

> 不斷膨脹的社會保障支出到底應該從哪裡籌措呢……？

Answer

因為它是社會保障支出的最佳財源

為籌措因少子化和人口老化而增加的社會保障支出,除了保險費之外,可以廣泛而少量地向多數人課徵的消費稅是最適合的財源。

06 Answer

社會保障支出不斷增加，為了籌措財源不得不持續調高消費稅

以日本來說，**社會保障制度的財源**現在光靠保險費並不足以支應，多半仰賴舉債，將負擔轉嫁給後代子孫。儘管「為未來世代著想」也是政府的職責，但隨著少子化和人口老化加劇，高齡人口增加，工作世代減少，社會保障支出因而逐漸增多。

在這樣的背景下，日本除了保費上漲，2019年消費稅也從8％調高到10％（部分消費例外）。

社會保障支出的財源不能沒有消費稅

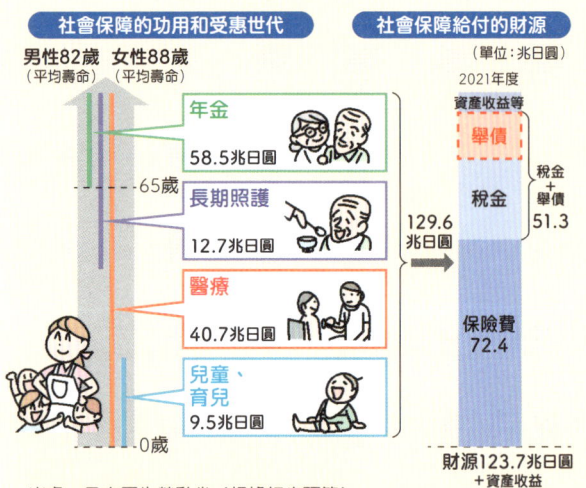

社會保障的功用和受惠世代

男性82歲　女性88歲
（平均壽命）（平均壽命）

- 年金 58.5兆日圓
- 長期照護 12.7兆日圓 — 65歲
- 醫療 40.7兆日圓
- 兒童、育兒 9.5兆日圓 — 0歲

社會保障給付的財源（單位：兆日圓）

2021年度

資產收益等
舉債
稅金　稅金+舉債 51.3
保險費 72.4

129.6兆日圓

財源123.7兆日圓＋資產收益

出處：日本厚生勞動省（根據初步預算）
註：社會保障除了年金、醫療、長期照護、兒童和育兒領域之外，還包含生活保護、就業、職災等領域。

社會保障支出單靠保險費並無法支應，日本一年靠稅金和政府舉債填補超過50兆日圓。為了盡量減少為社會保障支出舉債，政府於是提高了消費稅。據說每提高1％消費稅，一年將增加約2.5兆日圓的稅收。為了填補不斷增加的社會保障支出，一般預料今後還會進一步提高消費稅，但是反對意見也不少。

104

這是因為消費稅可以對人民購買的商品和服務廣泛課徵少量稅負,每人平均的負擔較小。

另外,也有人認為**消費稅可以作為基本收入的財源**。所謂基本收入就是無條件地直接發錢給所有國民,以保障全體國民的最低收入。它可望成為取代現生活保護費和年金等的社會保障制度。

基本收入的利與弊

基本收入的機制(想像)

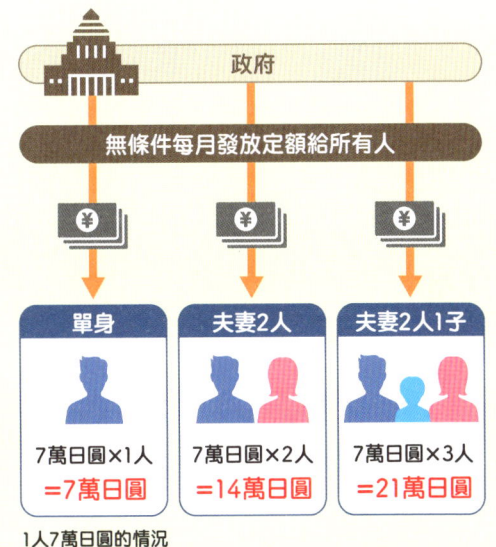

政府 → 無條件每月發放定額給所有人

單身	夫妻2人	夫妻2人1子
7萬日圓×1人	7萬日圓×2人	7萬日圓×3人
=7萬日圓	=14萬日圓	=21萬日圓

1人7萬日圓的情況

近年,基本收入備受矚目。採用基本收入的好處是可有助預防生活陷入貧困和少子化。舉例來說,工作貧窮※的族群如果有目前的工作收入和基本收入,就能減輕生活的困難。此外,基本收入如果沒有年齡限制的話,孩子愈多的人收到的錢就愈多,將可補貼育兒費用,最後達到防止生育率降低的效果。

另一方面,基本收入的缺點是需要龐大資金。目前日本的人口超過1億2,000萬。假使要發給所有人一個月7萬日圓,一年需要100兆日圓以上。必須大幅增加消費稅等稅收才能籌出這筆龐大的財源。

除了上述的缺點之外,還需要重新思考整體社會保障支出的平衡。然而,考慮到AI人工智慧的進展將導致失業等社會問題,基本收入作為新的社會安全網因而受到關注。

※所得不符合生活保護的條件,但生活很困難的族群。

Question 07

年金制度有什麼問題？

Keywords 年金制度、少子化和人口老化

Answer

工作世代減少，老年人卻增加

由於少子化和人口老化，使得繳納年金保險費的世代減少。另一方面，領取年金者持續增加，再這樣下去，年金制度將會崩潰。

07 Answer

繳納年金保險費的人數減少，而領取年金的人數變多

年金制度就是從現在收到的年金保險費中撥出錢（年金）來發放給現在的老年人，這種制度稱為「隨收隨付制」。年滿20歲到60歲的國民都必須繳納保險費。基本上65歲以上才可領取。

造成年金制度動搖的最大因素是**少子化和人口老化**。領取年金的老年人口增加，平均壽命延長也使得領取期間延長，而另一方面，繳納年金保費、

日本的年金制度為3層結構

第3層	企業年金 ※有無此制度取決於公司	私人年金
第2層	厚生年金 公司職員、公務員等	公共年金
第1層	國民年金 個人經營者、非正職勞工等	

我們通常會用2層樓建築或3層樓建築來解釋日本的年金制度。第1層是國民年金。年滿20歲到60歲的全體國民都有義務繳納。第2層是厚生年金保險。這是公司職員和公務員在國民年金之外額外繳納的保險，保費由任職單位和員工各自負擔一半。因此可以領得比只投保國民年金的個人經營者和非正職勞工等更多。到第2層都屬於公共年金。第3層是「企業年金」，這是有些企業作為福利而設立的退休金，除此之外還有像iDeCo這種個人型提撥制年金等。

未滿60歲的勞動人口正逐漸減少。未來此一趨勢會發展得更加快速。屆時將**由少數工作世代來負擔大量的老年人口**，破產是顯而易見的事。

對此問題有一些因應的建議，諸如降低年金給付金額、提高年金請領年齡等。但無論如何，顯然愈年輕的一代領到的金額愈低，因為年齡不同而導致有些人吃虧、有些人受益，這種世代間的不平等被視為一個問題。

少子化對策是關鍵……

日本屬於超高齡社會，65歲以上人口占全部人口的28%以上。政府也正努力研究少子化對策，試圖解決這個問題，但並未獲得太大的成效。儘管也有一些備受矚目的案例，如千葉縣流山市育兒支持的成功例子，但就全國來說仍然存在一些課題。

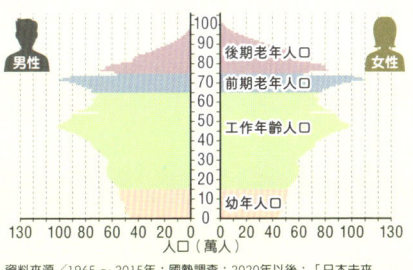

資料來源／1965～2015年：國勢調查；2020年以後：「日本未來預估人口（2017年推估）」［出生中位（死亡中位）推估］。

大約每2個工作世代要養1個老人的時代

據估計，2025年日本20歲到64歲的人中，每1.8人要撫養1個65歲以上的老人。如果不考慮稅收補貼，為了支付1個老人每月20萬日圓，工作世代每人必須繳納10萬日圓。如果少子化和人口老化繼續加劇，將會加重繳納年金保險費的工作世代的負擔。

經濟政策應講求速度，還是靈活應變？

Question 08

🔗 **Keywords** 政策延遲、酌情處理與規則

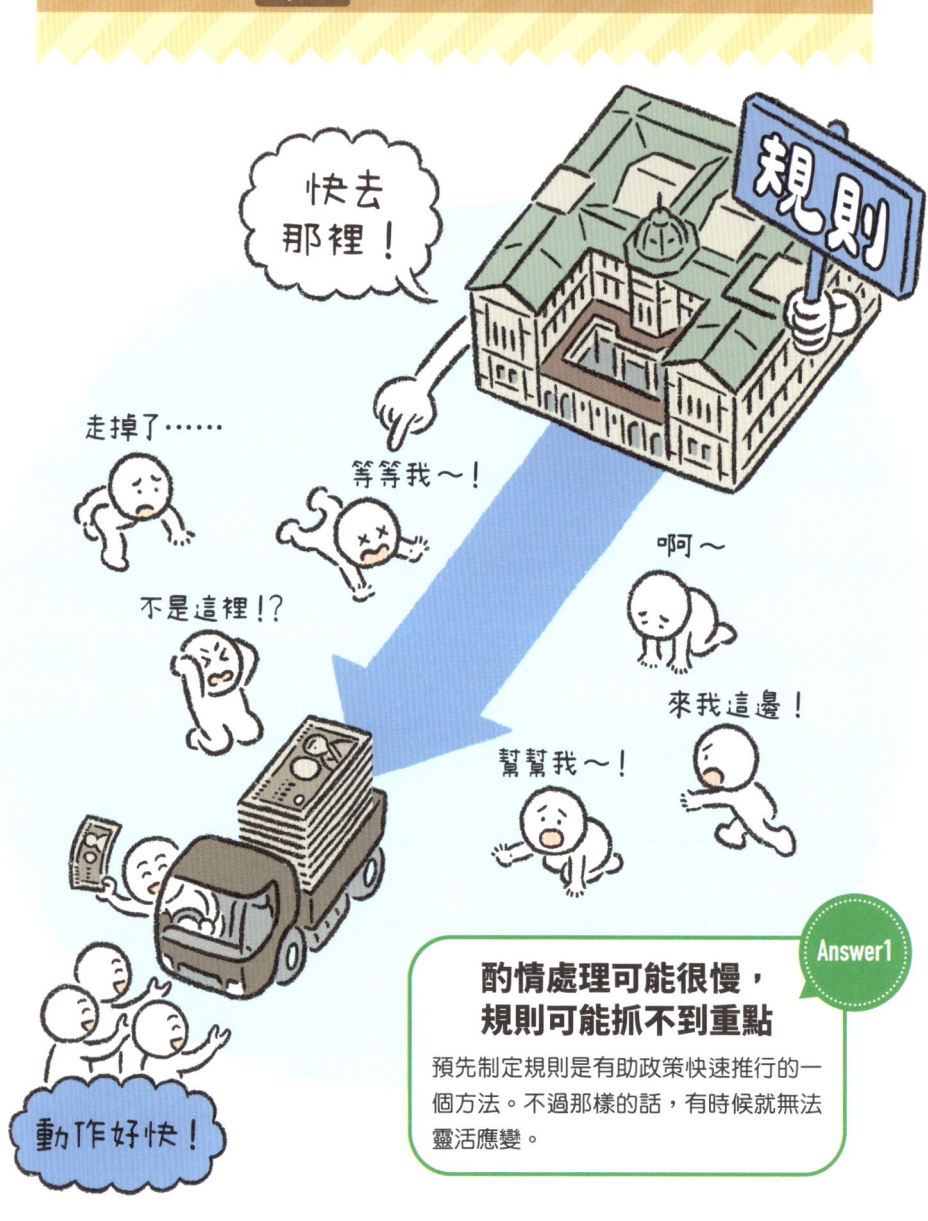

> 快去那裡！

> 走掉了……

> 等等我～！

> 啊～

> 不是這裡!?

> 來我這邊！

> 幫幫我～！

> 動作好快！

Answer1

酌情處理可能很慢，規則可能抓不到重點

預先制定規則是有助政策快速推行的一個方法。不過那樣的話，有時候就無法靈活應變。

Answer2 「認知」、「執行」、「效果」是造成延遲的3個原因

「認知」經濟異常的時間、「執行」政策的時間、執行後看到「效果」的時間。每一步都需要時間,所以才會延遲。

08 Answer 1

想重視速度就制定「規則」，希望能因應情況改變施策就需要「酌情處理」

根據凱因斯理論制定政策被認為很容易發生延誤。相對於此，重貨幣學派（→第96頁）則是透過制定「規則」來避免發生延誤。重貨幣學派注重規則，即由中央銀行事先決定未來的行動並對外宣布。透過此方式讓政策快速推進，避免發生延誤。

近年來，透過日本央行實施的長期「零利率政策」（→第131頁）和設定通貨膨脹率數值目標的

「規則」中的代表「固定成長率法則」是什麼？

我會根據規則來增加貨幣供給。

呵呵呵……

K% 2020
K% 2021年
K% 2022年

日本央行

¥

傅利曼提出的「固定成長率法則」是貨幣政策的規則中，很具代表性的一個例子。這是為了長期控制通貨膨脹率，不管經濟景況如何，中央銀行每年都會根據預先定出的比率增加貨幣供給量。目的是藉由固定貨幣供給量，讓通貨膨脹率始終保持在接近所設定的比率水準。

根據規則制定貨幣政策有一個很大的優點，就是藉由設立明確的目標，可以立即了解達成程度。

這就是重貨幣學派所主張的貨幣政策。

「通貨膨脹目標」等相關政策，也可以看到這種態度。不過，這些政策並不能說實際成功了。

另一方面，凱因斯學派提出反駁，受到規則約束，未來的政策會失去靈活度。他們重視**依據經濟情況靈活應對**，「**斟酌**」**地推行經濟政策**。

關於酌情處理與規則的問題，可說是至今仍沒有答案的難題。

> 「酌情」制定財政政策
> 以控制總需求

荷包裡面還有多少錢啊……？

減稅

橋梁和道路

購買公債

酌情式的財政政策是指，為了透過財政手段調節景氣，施政當局根據當時的判斷調整稅負和支出的政策。

國家和地方政府等實施的財政制度，如累進所得稅、失業保險這類社會保障制度，具有自動穩定社會和景氣的功能，這些制度雖能緩和景氣降溫，但並不夠。

因此有必要因應狀況靈活地施行財政政策。具體來說，就是在經濟衰退時透過減稅和公共工程等的財政支出來擴大總需求；在景氣過熱時，則透過增稅和削減財政支出來抑制總需求。

08
Answer 2

因為在「認知」、「執行」、「效果」各個階段都發生延誤

即便現在，**經濟政策仍然很難迅速地推行。**

多半的情況，從認識到政策的必要性、執行政策並看到效果，都會發生延遲（落後）。這被稱為「政策延遲」或「經濟政策的時間落後」。

政策延遲主要有3大要因。首先是施政當局掌握有關通膨、經濟衰退、貨幣升值和貶值這類有問題的經濟狀態所需時間的「認知的延遲」。其次是即

財政政策特有的政策延遲

請稍候喔～

慢吞吞……

已經不能再等了。

就快要破產了～

有一些僅見於財政政策、會推遲經濟政策施行的要因。財政政策的實施需要經過國會的預算審查，這是導致政策延遲施行的一個原因。

相反的，中央銀行實施的貨幣政策則無須進行預算審查，一般認為不容易發生延遲。

使認識到政策的必要性,但是在制定政策並且付諸執行之前花費許多時間進行各種調整的「執行的延遲」,以及該**政策發揮作用所需時間的「效果的延遲」**。這3種延遲愈久的話,經濟便愈混亂。

為了解決這類政策延遲,有看法認為政府應當在裁量範圍內積極地制定政策;也有看法認為應該事先建立完善的規則。

> 「效果的延遲」成為政策延遲的一大要因時

我已經調降利率了!

可是⋯⋯說不定會增稅。

還是先暫緩投資吧。

怪了?

貨幣政策沒產生效果!

效果的延遲成了政策延遲最大要因的情況也不少見。舉例來說,經濟衰退時,即使在貨幣政策上調降利率,但企業的投資意願和家庭的消費意願並沒有急劇升高就是一例。也就是說,即使政策順利執行,有時也會出現效果延遲,或是沒有產生效果。經濟衰退時,政府即使進行財政支出,但國民可能因為未來存在一些不穩定的因素,如增稅等,而未如預期地進行消費,效果的延遲是財政政策的弱點。現在的日本就是這樣的狀態。

經濟成長與創新

透過創新（技術革新），現在即使投入同樣數量的生產要素，也能生產得比以往更多。此外，透過提供前所未有的魅力商品，可以激起需求。企業的獲利增加，就業和勞工薪資也隨之增長，生活變得較富裕的勞工會進一步消費。創造這種好的景氣循環的創新，成為經濟成長的特效藥。以本世紀來說，智慧型手機的開發即可稱為一種創新。

實際上，透過創新創造出新的商品後，便會出現新的市場，使經濟走向繁榮。另一方面，後續企業為了追隨走在前頭並已獲得獨占利益的企業，會與其他企業展開競爭，這將使創新的溢出效應逐漸減弱，景氣可能會走向停滯。景氣的循環不可避免。而為了不斷創新還需要培養企業家。因此，由銀行進行投資，為企業家提供資金的必要性也備受討論。

過去Innovation一直被譯為「技術革新」。然而，提出Innovation一詞與概念的捷克經濟學家熊彼得（Joseph Alois Schumpeter）也論述了為促使經濟發展，有必要透過「新結合」創造出新的價值。「新結合」就是指前所未有的組合方式。這才是熊彼得所說的Innovation，正確的翻譯是「新結合的實踐」。它意味著新的產業發展，不僅限於技術，也包含組織和商業模式的革新。

Chapter 4

有關**貨幣**與**金融**的
經濟學

貨幣的功用是什麼？
一般銀行與日本央行有何不同？
還有，通貨膨脹和通貨緊縮是什麼意思？
在本章中，我們會將與貨幣和金融有關的
各種現象與日本實際的經濟情況加以連結
並進行說明。

Question 01

「貨幣」的功用是什麼？

🏷 **Keywords** 貨幣的功用

Answer

「交易工具」、「價值標準」、「價值儲藏工具」

貨幣有3種功用：①物品和服務的「交易工具」；②計量物品價值的「價值標準」；③保管用的「價值儲藏工具」。

貨幣

交易工具

以物易物的話不方便，所以才使用貨幣。

118

價值標準

透過定價，可以很快地從數字了解其價值高低。

價值儲藏工具

1年後

1年後

食物之類過了一段時間就會腐爛，價值下跌，但如果是貨幣的話就不用擔心。

119　Chapter4 ◆ 有關貨幣與金融的經濟學

01 Answer

貨幣有「交易工具」、「價值標準」、「價值儲藏工具」3種功用

貨幣的功用是什麼呢？

貨幣有3種功用。

一是交易工具。貨幣誕生以前的社會是以物易物。在那樣的社會裡，想吃肉的人會帶著魚去尋找願意出售肉的人。就算找到了，如果那個人不想吃魚，交易便不成立。像這樣以物易物的方式有其困難的一面，但只要把肉和魚換成貨幣，交易就能順利進行。

再者，以物易物的話

以統一的標準衡量財貨價值的價值標準功用

1.5萬元
也許很划算！

5000元
太貴了

Hello
英語會話課
250元/小時
好便宜!!

舉例來說，「這台筆電如果賣1.5萬元，也許很划算？」、「好想吃名店的壽司，但無菜單料理一人份5000元太貴了」、「線上英語會話課如果1小時250元，要報名嗎？」等等，我們之所以能夠進行判斷，是因為「金額」的數字發揮了「度量標準」的作用。這就是「價值標準功用」。

多虧了這項功用，我們才能用某種貨幣的數量來統一標示被交易的財貨或服務的價值。

一旦可以透過價格這個貨幣單位來衡量財貨和服務的價值，就會更容易比較各種財貨和服務的價值。因為以貨幣作為媒介能讓交易變得更順暢。

會不知道用幾條魚交換幾公克的肉是適當的。貨幣的第2個功用就是作為**衡量價值的標準**。透過對所有事物定價，讓人了解其價值的高低。

還有第3個功用是作為**價值儲藏工具**。直接儲存食物的話，食物會腐壞並失去價值，但以貨幣形式持有，即可將與實物同等的價值儲存起來。

> 經濟穩定對貨幣發揮其功用至關重要

上個月明明1個才50元……

現在50元是不夠的喔。

可以作為衡量某物價值的標準和交易工具的貨幣，也具有「價值儲藏」的功用。
以1個售價50元買來的蘋果，沒吃掉的話會愈來愈熟並變質，於是價值會從50元一直往下滑落。而如果把與蘋果同等價值的50元留在手邊，就不必擔心價值會降低，並能儲存起來當作交易其他物品的工具。

不過，貨幣價值要持續獲得信任才有意義。一旦因為戰爭導致物資極度缺乏，或是國家經濟實力下降引發惡性通膨（→第136頁），紙幣也會變得和廢紙無異。貨幣價值不穩定便無法發揮貨幣的功用。

金融機構在做什麼？

Question 02

🔑 **Keywords** 金融、金融機構、信用創造、存款準備率

Answer

透過信用創造貸出更多的資金

保留一部分存款金額，將剩餘部分貸出，從而產生了「信用創造」。金融機構透過這種方式，可融通大量資金。

銀行整體的存款金額逐漸增加！

123　Chapter4 ◆ 有關貨幣與金融的經濟學

02 Answer

銀行透過「信用創造」可使貸款金額倍增

貨幣經由金融機構遍布全世界各個角落。而正是融通資金的**「金融」創造了金錢的流動**。實際上，將資金從多的地方流通到少的地方，已成了經濟社會發展的機制。

社會上有**各種各樣的金融機構**，其代表就是銀行。銀行用低利率收存個人和法人存戶的資金，再用高利率將它借出並請對方償還，透過這種方式賺取利潤。

資金透過金融流動

「金融」的意思就是把錢從資金過剩的人手中往資金短缺的人手中流通。「資金的融通」簡稱金融。其機制就是資金過剩的人把錢存進銀行等金融機構，而經營事業和需要投資的人則向金融機構借錢。

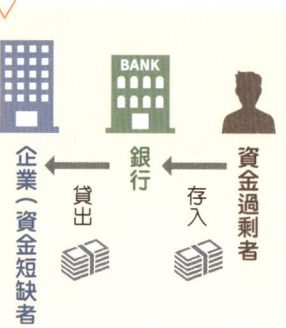

企業（資金短缺者） ← 貸出 ← 銀行 ← 存入 ← 資金過剩者

各種金融機構與2種資金流動

金融可分為「間接金融」和「直接金融」2種。「間接金融」是把借來的錢借給其他人，如銀行；「直接金融」則是想借錢的人（企業）和有能力出借的人（投資者）直接交易，如證券公司。

企業：發行股票（直接向購買者籌措資金）
⇅
證券公司：單純仲介買賣
⇅
買股票者：拿出資金購買股票

銀行進行放貸時並不是使用實際的紙幣，而是在記載了金額的文件上進行。這種作為結算工具的貨幣稱為「存款貨幣」。

另外，銀行不斷重複放貸，從整個銀行業的角度來看，將可創造出數倍於最初收受存款金額的存款貨幣。這被稱為「信用創造」。

信用創造的機制

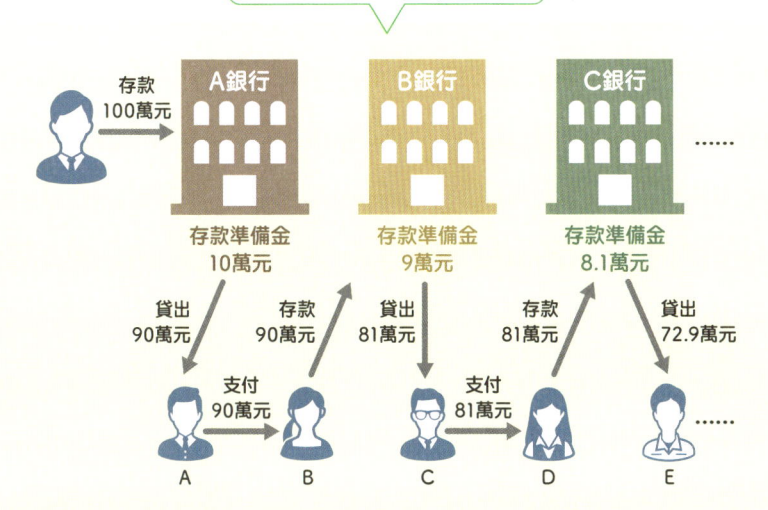

A銀行 存款 100萬元　存款準備金 10萬元　貸出 90萬元　存款 90萬元　支付 90萬元　A→B

B銀行 存款準備金 9萬元　貸出 81萬元　存款 81萬元　支付 81萬元　C→D

C銀行 存款準備金 8.1萬元　貸出 72.9萬元 ……E

金融機構會從存款總額中預留一筆資金下來，以應付存戶進行提款，這稱為「存款準備金」，其占總額的比率稱為「存款準備率」。

舉例來說，存款準備率為10%時，A銀行從存戶那裡收受了100萬元的存款，就會預留10萬元作為存款準備金，以備存戶提款，然後把剩下的90萬元放貸給A。而A把這90萬元用來支付給B，B再把90萬元存入B銀行。B銀行留下90萬元的10%，即9萬元，然後把81萬元放貸給C。C用這81萬元支付給D。然後D再把81萬元存入C銀行……。銀行就像這樣重複放貸，讓整個銀行業的存款總額增加數倍，100萬元+90萬元+81萬元……。而這就是「信用創造」。

Question 03

日本央行的職責是什麼？

Keywords 貨幣政策、買進操作、賣出操作

發行貨幣
發行紙鈔。

政府的銀行
保管國民的稅金。

Answer1

日本央行有3大職責
即「發鈔銀行」、「銀行的銀行」、「政府的銀行」。

126

日本央行

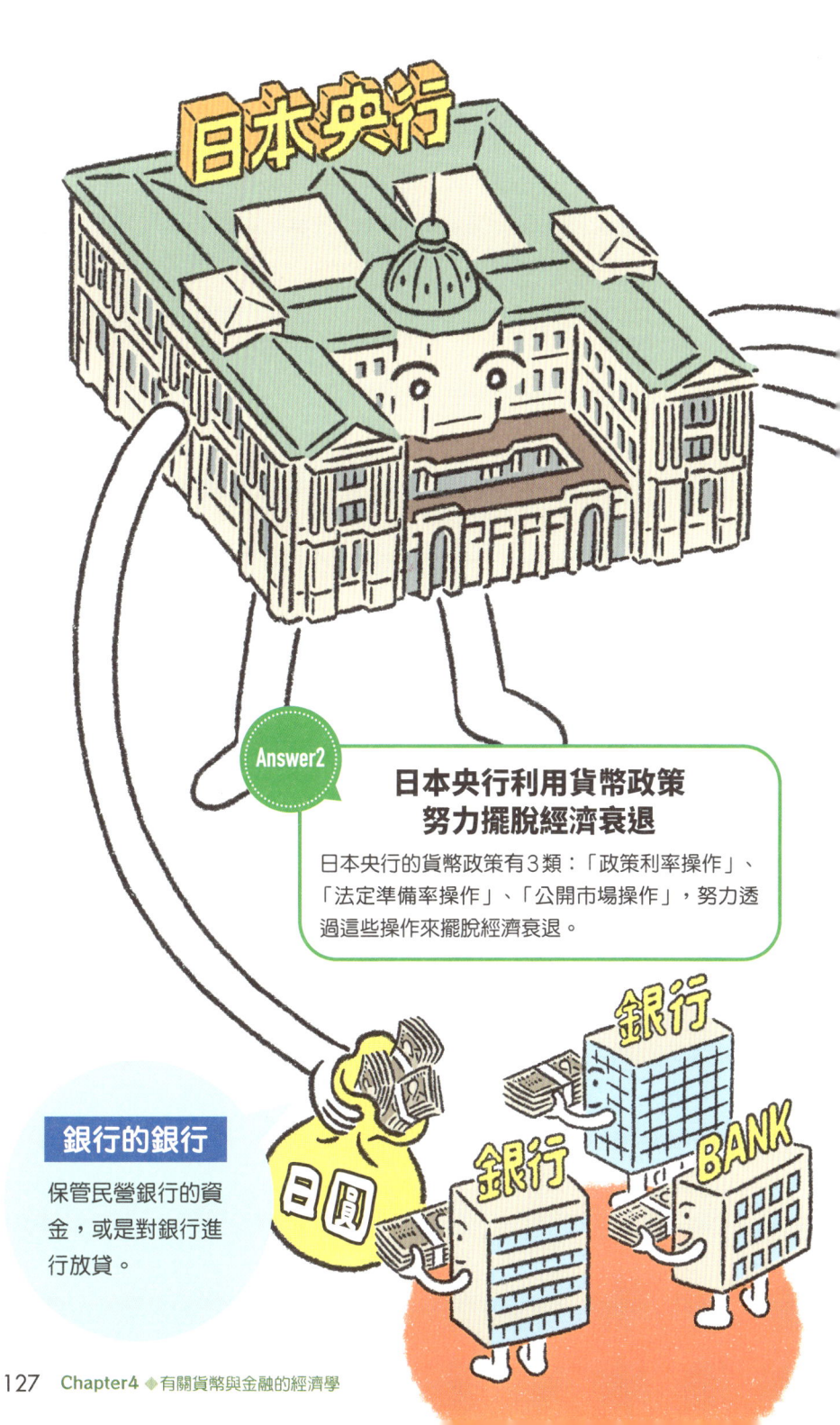

Answer2

日本央行利用貨幣政策努力擺脫經濟衰退

日本央行的貨幣政策有3類:「政策利率操作」、「法定準備率操作」、「公開市場操作」,努力透過這些操作來擺脫經濟衰退。

銀行的銀行

保管民營銀行的資金,或是對銀行進行放貸。

03 Answer 1

「發鈔銀行」、「銀行的銀行」、「政府的銀行」3大職責

日本中央銀行，即日本銀行（簡稱日銀）的職責大致分為3類。

一是「發行貨幣」，也就是發行鈔票。紙鈔上寫著「日本銀行券」（硬幣是由日本政府發行）。

第二項職責是「銀行的銀行」。即保管民營銀行同時也是商業銀行存入的資金、對銀行進行放貸的功能。

第三則是「政府的銀行」。即託管國家從國民

由日本央行執行的3大貨幣政策

- 政策利率操作
- 公開市場操作
- 法定準備率操作

日銀的貨幣政策

經濟衰退時，透過這些政策來增加市場上的資金，刺激景氣。

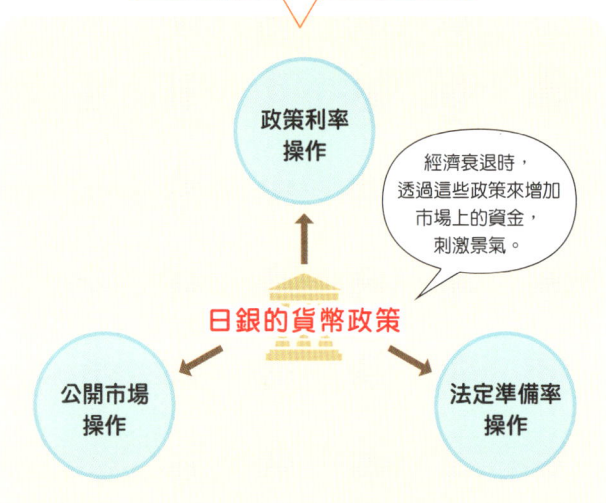

如果要用一句話分別說明日銀的貨幣政策，「政策利率操作」就是操作日銀對民營銀行貸款時的利率（→第130頁）；「法定準備率操作」是指變更第125頁介紹過的存款準備率的政策；「公開市場操作」就是日銀在市場買賣股票或是債權（請參閱左頁）。

藉由靈活地運用這3類貨幣政策來增減市場上的資金，促進經濟繁榮，或是抑制有點過熱的景氣。每一項功能都很重要。

128

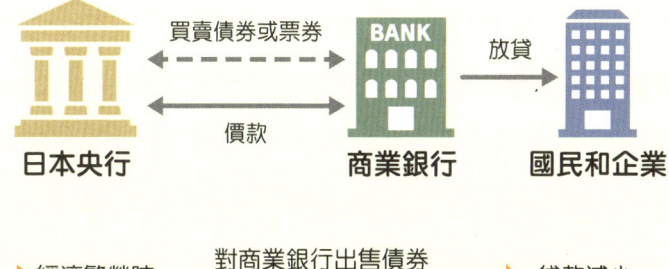

中央銀行也會實施經濟政策。 相對於政府所實施的「財政政策」(→第91頁),日銀實施的經濟政策稱為「貨幣政策」。日銀的貨幣政策包含3類:「政策利率操作」、「公開市場操作」、「法定準備率操作」。試圖運用這3類政策調整流通的貨幣,在不景氣時刺激景氣,景氣過熱時則抑制景氣。

何謂公開市場操作?

日本央行 ←買賣債券或票券→ 商業銀行 —放貸→ 國民和企業
         ←價款→

▶經濟繁榮時⋯⋯ 對商業銀行出售債券或票券(賣出操作) → 貸款減少

▶經濟衰退時⋯⋯ 中央銀行買進債券或票券(買進操作) → 貸款增加

公開市場操作是指日銀透過在市場上買賣公債或大企業的債券、股票等來操作貨幣供給量(貨幣基底),包含「買進操作」和「賣出操作」。

買進操作就是中央銀行透過商業銀行或證券公司購買公債或股票(ETF)等,以增加市場上流通的貨幣數量,並促使對國民和企業的貸款增加,刺激景氣。

相反的,賣出操作則是日銀向商業銀行等出售政府公債等,以回收過多的流通貨幣,促使對國民和企業的貸款減少。透過這樣的操作來抑制過熱的景氣,穩定經濟。

03 Answer 2

試圖藉由操作利率來擺脫不景氣

日本央行的貨幣政策之一就是「政策利率操作」（→第128頁）。

利率高，企業就不會想借錢。因為除非是看好收益會超過利息的事業或計畫，否則便無利可圖。反之，**如果利率低，企業就會借錢積極投資新事業或設備**。這麼一來，錢就會流向各個地方，帶動經濟繁榮。

另外，當利率高時，債券交易會較為活絡，使

利率低，企業就會投資，帶動景氣復甦

（插圖：日本央行「調降政策利率。」銀行「銀行的利率也下降了！」企業人士「在利率降低時向銀行借貸並進行投資!!」興奮興奮）

利率低的話，負擔較輕，企業就會傾向於向銀行借貸，進行新的投資。投資新事業會增加就業、使接到訂單的企業業績增長，而新事業如果獲利的話，還能進一步提升該企業的業績。

不景氣時，政府期待能產生這樣的良性循環，於是會實施「政策利率操作」降低利率。實際上，就是透過調降日銀提供民營企業僅一天融資的「無擔保隔夜拆借」利率，試圖影響銀行對企業提供的短期利率。

130

股票投資受到抑制。因為債券的投資報酬率取決於利率，利率高的話，投資債券會比投資具有風險的股票更吸引人。反之，利率低的話，股票的投資就會多過於債券，使股票市場變活絡。基於這樣的理由，在景氣持續低迷的日本，維持低利率成為基本的貨幣政策，1990年代經濟泡沫破裂後，日本央行實施**零利率**或負利率政策，然而經濟並未如預期復甦。

實施零利率政策，景氣依舊未好轉

物價下跌

企業的收益下滑

減少對事業的投資

東西賣不出去

在通貨緊縮的情況之下，零利率和有利率沒什麼不同。

啊啊啊……

認為調降利率會帶動景氣復甦的是凱因斯。受到此一主張的影響，世界多數國家的中央銀行開始在不景氣時嘗試透過調降利率來使景氣復甦。

然而，自1990年代經濟泡沫破裂以來，日本央行打出讓利率無限趨近於零的「零利率政策」，但經濟卻沒有如預期復甦。這是因為假使目前的社會情勢持續下去，前景令人擔憂，進而對未來沒有願景，就算可以用近乎零的利率借到錢，多數企業仍然考慮減少投資。

此外，在商品價格變便宜的通貨緊縮情況下，即使零利率，實質利率也不低，因此效果有限，需要小心。

Question 04

「通膨」、「通縮」是什麼意思？兩者都不好嗎？

Keywords 通膨、通縮、物價指數、惡性通膨

60元

40元

50元

Answer1

通膨就是商品的價格上漲

通膨就是商品（財貨和服務）的價格上漲；通縮則是反過來，指商品的價格下跌。

100元

75元

通膨

Answer2 極端通膨可能導致國家破產

極端的通膨有時會導致一國的經濟破產，但是溫和的通膨據說會帶來經濟繁榮。

30元

25元

通縮

133　Chapter4 ◆ 有關貨幣與金融的經濟學

04
Answer 1

通膨是指物價持續上漲的狀態，通縮則是相反

通貨膨脹（通膨）是指東西的價格（物價）持續上漲的狀態。

想擁有的人多過於供給量，價格必然會上揚。而一旦物價上揚，人們便預測它的價格會進一步升高，於是一窩蜂搶購。結果導致需求增加，物價又再上漲。這就是通膨。

另外，實際的物價升高還牽涉到基於人力不足所衍生出的人事費升高、原物料成本升高等種種因

> 通膨有好的通膨和壞的通膨之分

> 這就是好的通膨。

「好的通膨」是指企業因銷售價格上漲使得獲利增加，員工的薪水也隨之增加，進一步促進消費的狀態。也就是伴隨經濟擴張的通膨。

另一方面，「壞的通膨」是指只有商品的採購價格上升，企業的獲利沒有增加，因此員工的薪水也沒有增加，唯有物價上漲這種惡性循環。

這種極端的形式就是經濟衰退下的通膨，即「停滯性通膨」。1970年代的石油危機就是發生原油價格高騰導致物價上漲，但勞工的工資並未上漲，景氣也倒退的狀態。

134

素，因此有人說通膨包含了會帶來經濟榮景的「好的通膨」，以及會導致經濟混亂的「壞的通膨」。

另一方面，通貨緊縮（通縮）則是指物價持續下跌的狀態。供給量多過於需求，使得商品賣不出去，價格因此下跌。在通縮的情況下，物價即使下跌，商品仍然滯銷，經濟停滯而走上經濟衰退。**物價指數**是衡量通膨還是通縮的一項指標。

「物價指數」是經濟政策的參考指標

消費者物價指數的變化

以這裡為「100」算出

※把2020年設為「100」並排除生鮮食品等的「總計」。出處：日本總務省「2020年基準消費者物價指數」

「物價指數」就是事先選定一個基準年，將當時的物價設為100，觀察與它相比上升和下跌的比率。物價指數是價格變動的量化指標。

舉例來說，「消費者物價指數」是掌握消費者購買商品或是服務等物價變動的統計學指標。總務省每個月都會公布。日本央行發表的「企業物價指數」則聚焦在企業與企業之間交易商品的價格。

這些指數成為經濟政策的參考指標，物價上升時是通膨的指標，物價下跌時是通縮的指標。

04
Answer 2

極端通膨會擾亂經濟，溫和的通膨則會帶來經濟繁榮

一般在通膨時期，因為商品價格上揚，企業的獲利會增加，失業率則會下降。同時，員工的薪資也會提高，作為一個消費者，即使商品的價格稍微貴一點也會購買，使企業進一步受益，創造出良性循環。這就是一般所說的「經濟繁榮」。

不過，當通膨過熱，物價會異常地高漲，經濟一旦陷入動盪，不久就會因為反作用力使景氣急劇

> 使經濟社會陷入動盪的惡性通貨膨脹

委內瑞拉的通膨率
（年率：萬％）

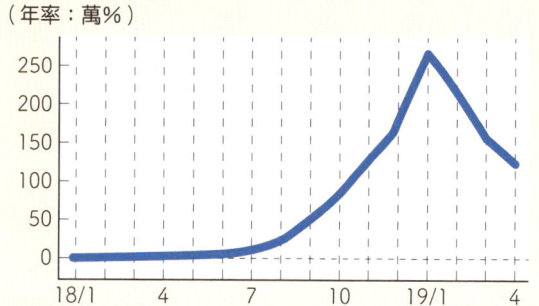

（圖表：2018年1月至2019年4月期間的通膨率走勢，2019年1月達到約265萬％的高峰後回落至約125萬％）

出處：委內瑞拉國會

通貨膨脹急劇加速的情況稱為「惡性通貨膨脹」。即所有商品的價格異常上漲，貨幣失去實質價值的狀況。在惡性通膨下，人們對本國貨幣失去信任，便會出現囤積商品、轉持較為穩定的他國貨幣（美元）的傾向。

最近的例子則是2019年委內瑞拉發生通膨率268萬％這種極為離譜的惡性通膨。國民買不到任何東西，所有積蓄一夕之間都變得毫無價值。委內瑞拉擁有豐富的石油資源，曾經被認為是拉丁美洲最富有的國家，卻因為政治腐敗和原油價格直線下跌，導致經濟破產，陷入惡性通膨。

倒退，導致資產價格大幅跌落等狀況。這種過度的通膨被稱為**惡性通貨膨脹**（簡稱**惡性通膨**）。不至於過度、**和緩的通膨會為經濟帶來適度的繁榮**。

另一方面，通縮是指商品的價格不漲，使得企業獲利沒有增長，未增加雇用，員工薪資也沒有調升，消費也沒有增加。這就是「不景氣」、「經濟衰退」。

而通縮重複發生的狀況稱為**通貨緊縮螺旋**。即日本近年陷入的狀態。

「平成不況※」的原因 通貨緊縮螺旋的機制

商品和服務
賣不出去 因而降價

企業和店鋪
有的結束營業

勞工
薪水減少

家庭經濟
不花錢

發生通縮時，因供給多過於需求，商品賣不出去，企業於是調降價格。這時商品就算賣出，企業的利潤也會下降，最終員工的薪水也跟著減少，而失業者增加。收入減少的消費者便節制購買，於是商品更加賣不出去。這種惡性循環就是「通貨緊縮螺旋」。「平成不況」就是因為日本泡沫經濟造成的心理創傷、對財政赤字的不安（擔心未來會加稅）等，使人們的消費意願減退，趨向於儲蓄。政府雖然努力透過種種政策要擺脫通縮，但主流的看法認為尚未完全擺脫。需要摸索新的解決之道。

※ 日本於平成年間陷入長期的經濟衰退期。

> 我想了解更多！

追求溫和通膨的「通膨目標論」

日本長期來一直處於通貨緊縮的狀態。2013年1月，日本央行在「穩定物價的目標」下，引入通膨目標。

這是政府和中央銀行透過對物價上漲率設定一定的數字目標來誘導適度的通貨膨脹，藉以達到穩定經濟成長的貨幣政策，2013年時，日本設定2%的通膨目標，之後並實施大規模的貨幣寬鬆政策和景氣刺激措施。

具體來說，通膨目標就是中央銀行透過大幅地增加貨幣供給量（貨幣基底）使貨幣價格下跌，同時促進民間金融機構對企業等的投資。藉由這樣的方式誘導通膨發生並達到目標值。

從「對經濟來說，輕度通膨的狀態最好」的立場來看，這項政策可以說很合理。

本來通膨目標的目的是抑制通膨。1990年首度為紐西蘭採用，之後有超過20個國家引進這項政策，但日本是頭一個為了擺脫通貨緊縮而引進的國家。

一般來說，預期通貨膨脹率（預期未來物價上升比率）會受到各種經濟情勢變化的影響，但中央銀行先設定一個目標再實施貨幣政策的做法，會讓市場對通貨緊縮的悲觀預期轉變成對通膨的預期，從而將情勢帶入溫和的通貨膨脹。

但另一方面，也有反對意見認為，市場對通膨的預期並不穩定，有可能控制不了過熱的情況而演變成惡性通貨膨脹。日本2021年當時便無法達成2%的目標值。

日本央行會以收購股票或REIT（不動產投資信託）等方式來增加貨幣供給量，但如果僅止於此，就只是預防通貨緊縮的措施。設定明確的通膨目標數值有它的原

■通膨目標的目的因國家而異

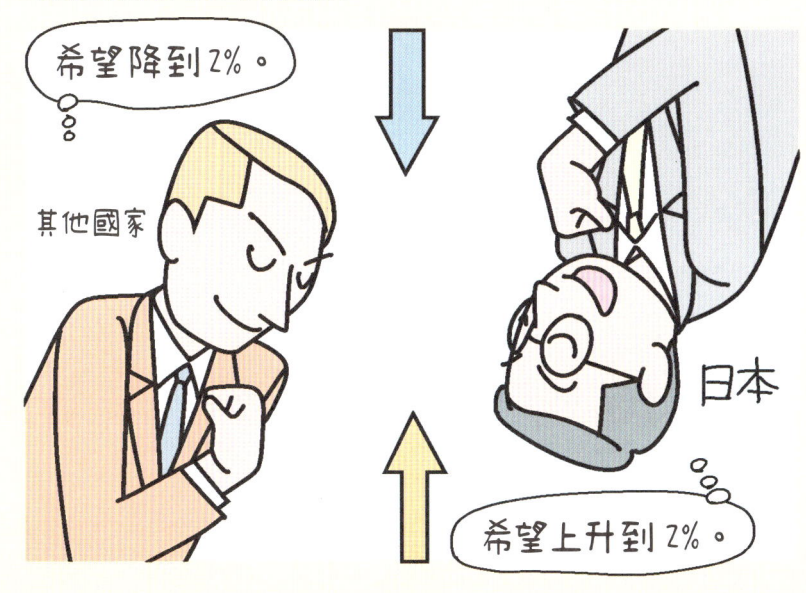

希望降到2%。

其他國家

日本

希望上升到2%。

因。就是讓國民對通貨膨脹抱有期待,覺得「日銀都這麼做了,一定會發生通膨吧」。

經濟是由人類集體心理所驅動,因此明確的指標很重要。

不過即使這樣,日本仍然沒有走向通貨膨脹。

理論上,日本央行提供的資金經過民營銀行的信用創造應該會增加10倍,並在經濟體系中循環(→第125頁)。

然而,如果民營銀行的資本過小無法進行放貸的話,信用創造便不會發生。而國民出於對金融環境的不安,也只會增加現金的持有量。

到頭來,貨幣並未在整個經濟裡流通,通膨率也沒有上升。

Column 04

受到新關注的
馬克思經濟學

在 當代經濟中，隨著資本不斷累積，生產力逐漸提高的內生經濟成長理論備受關注。依照這套理論，已經證明已開發國家和開發中國家之間的經濟差距將進一步擴大，即便經濟成長，貧窮問題依然未獲解決，反而有加劇的危險。19世紀的經濟學家卡爾・馬克思（Karl Marx）在《資本論》等著作中就已論述過這一點。

馬克思的經濟理論以「勞動價值論」為前提，即「財貨和服務的價值取決於其生產所需的勞力數量」。根據馬克思的理論，在資本主義社會底下，除了勞力之外沒有任何資本的勞工只能受雇於資本家。勞工即使創造出多過於工資的價值（剩餘價值），成果也全數歸企業（資本家）所有，因此意味著勞工一直被剝削。這稱為剩餘價值論，意即在資本主義社會中，企業可以合法地從勞工身上搾取剩餘價值。

此 外，現在經常有人將馬克思與社會主義的經濟學、已解體的前蘇聯（現在的俄羅斯）等的經濟學及過時的經濟學做連結。不過，馬克思的經濟學和蘇聯等國家實際施行的經濟並不相同。一如《資本論》此一書名所示，馬克思是在研究資本的內在邏輯，並論述一個高度發展的資本主義經濟的樣貌。在那裡，資本家在金錢欲望的驅使之下，無止盡地追逐資本的增長。這一點也可以從當代被稱為GAFA※的大企業中看出，儘管它們已擁有莫大的資產，依然無法停止追求資本增值。馬克思認為，社會主義國家應該會從高度發展的資本主義國家中誕生，而不會從像俄羅斯那種還保留封建制度的國家誕生，然而歷史上並沒有這樣的國家。馬克思所說的「自由人協同社會」將來是否會實現雖然不得而知，但有專家認為，馬克思對資本主義的分析，對存在工作貧窮、貧富差距等問題的現代依然具有意義。

※即Google、Apple、Facebook、Amazon等科技公司的合稱。

Chapter 5

有關**貿易**的經濟學

對一個國家來說,最佳的貿易形態是什麼?
應該進口什麼、出口什麼?
又或者,區域經濟整合會帶來哪些好處?
在本章中,我們將摸索
在美中貿易摩擦加劇之下,
世界經濟的理想樣貌。

Question 01

「圓高」、「圓安」是什麼意思？

Keywords 圓高、圓安、固定匯率、浮動匯率

1美元 = 150日圓

↓

1美元 = 100日圓

圓高

出口 不利
進口 有利

購買1美元的咖啡原本需要150日圓，但現在100日圓就能買到。

142

Answer

日圓幣值上升就是「圓高」，反之就是「圓安」

日圓幣值上升就是「圓高」；相反的，日圓幣值下跌就叫做「圓安」。

1美元 = 150日圓

↓

1美元 = 200日圓

圓安

出口 有利
進口 不利

原本150日圓就能買到1美元的咖啡，現在要花200日圓。

01 Answer

「圓高」代表日圓幣值上升；
「圓安」代表日圓幣值下降

貨幣的價值取決於它與其他貨幣之間的相對關係。換句話說，就是日圓相對於美元是貴還是便宜、澳幣相對於英鎊是貴還是便宜這類的關係。這種貨幣價值隨著與其他貨幣的關係波動的機制，稱為**浮動匯率**。

一般來說，所謂日圓升值是指日圓相對於美元變強的狀態，日圓貶值則是指日圓相對於美元變弱的狀態。也就是說，當1

固定匯率制與浮動匯率制各有各的優缺點

	固定	浮動
匯率	穩定	不穩定
貿易	穩定	不穩定
通膨波動	會被抑制	會受影響
適當的價格	可能偏離	會如實反映出
貨幣政策	選擇少	選擇變多

日本在二次大戰後基於穩定物價等理由，採用固定匯率制。然而，隨著美國國際收支惡化，1973年從固定匯率制改為浮動匯率制。

固定匯率制的優點包括：①匯率※穩定，短期內的貿易環境也很穩定；②進口物價的穩定可以抑制通膨波動等。然而從長期來看也有缺點，如：匯率可能會偏離適當水準等。而浮動匯率制的優點包括：經濟的實際狀況會反映在匯率上、貨幣政策的靈活度增加等；另一方面，缺點則是匯率可能因為投機熱錢的進出而出現劇烈地波動。

※不同貨幣被交換（買賣）時的交換比率。

美元兌100日圓時，表示要換到1美元需要100日圓；而到了1美元兌120日圓時，就表示要120日圓才能換到1美元，這表示美元的價值上升、日圓的價值下降，亦即「日圓貶值」。反之，90日圓便能換到1美元的情況就是「日圓升值」。

「1美元兌○日圓」中，○內的數字變小就表示日圓升值，變大則表示日圓貶值。另外，**貨幣價值的波動會對國與國之間的進出口造成很大影響**。

日圓升值、貶值與進出口的關係

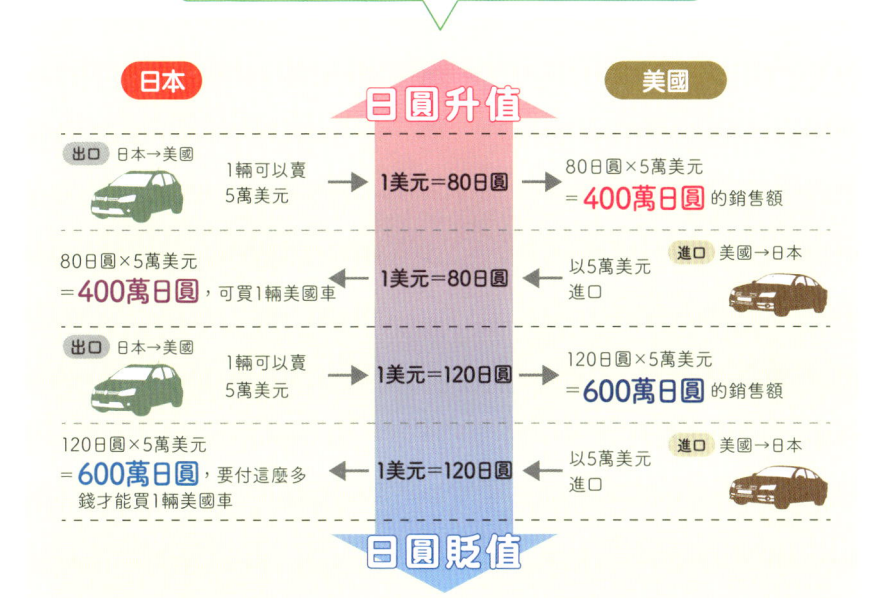

日本　　　　　　　　　　**美國**

日圓升值

| 出口 日本→美國 | 1輛可以賣5萬美元 | 1美元=80日圓 | 80日圓×5萬美元 = **400萬日圓** 的銷售額 |

| 80日圓×5萬美元 = **400萬日圓**，可買1輛美國車 | 1美元=80日圓 | 以5萬美元進口 | 進口 美國→日本 |

| 出口 日本→美國 | 1輛可以賣5萬美元 | 1美元=120日圓 | 120日圓×5萬美元 = **600萬日圓** 的銷售額 |

| 120日圓×5萬美元 = **600萬日圓**，要付這麼多錢才能買1輛美國車 | 1美元=120日圓 | 以5萬美元進口 | 進口 美國→日本 |

日圓貶值

日圓升值便意味著日圓相對於美元變強，又稱為「圓高美元安」；日圓貶值則意味著日圓相對於美元變弱，因此又稱為「圓安美元高」。

日圓相對於美元變大就表示，當日本的企業出口產品到美國時，先以美元收取貨款再兌換成日圓，這對日本企業是不利的，但另一方面，美國的產品會變得比較便宜，所以對於進口是有利的。反之，日圓相對於美元變小時，對日本企業來說，在出口方面有利，進口方面則不利。

Question 02
貿易帶給經濟的影響是什麼？

Keywords 比較優勢原則

Before

洋蔥　　　　　　　番茄

日本
4　　　　　2

義大利
2　　　　　6

合計 6　　　　合計 8

總和 14

146

Answer

專注於強項，可使整體利益最大化

專注於生產本國擅長的產品，其他則透過貿易來供應，可使整體利益最大化。

傾全力於自己的強項，就能大量製造！

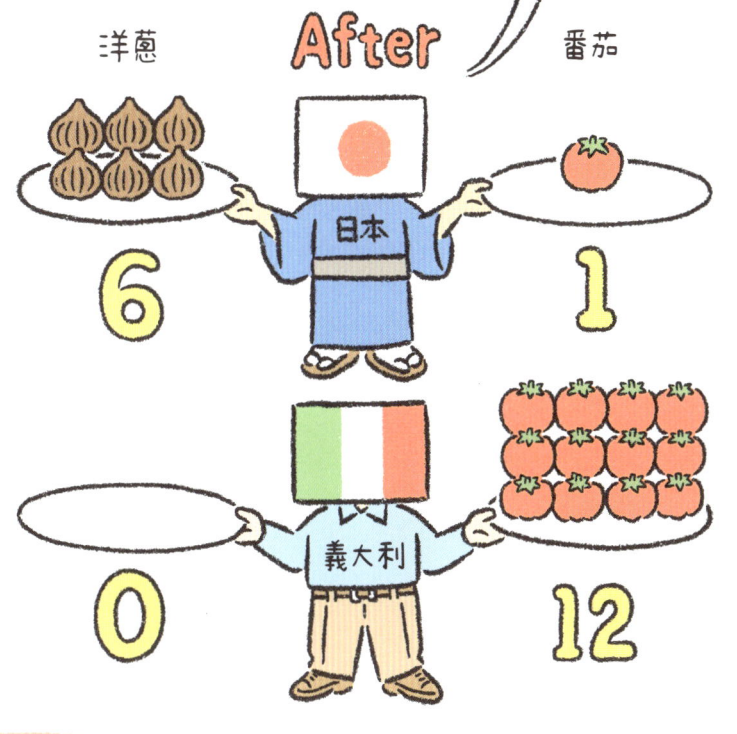

After

洋蔥　　　　　　　番茄

日本
6　　　　　　　　1

義大利
0　　　　　　　　12

合計 6　　　合計 13

總和 19　　增加

147　Chapter5 ◆ 有關貿易的經濟學

02 Answer

專注於本國的強項，其他則透過貿易來供應，將可實現整體最佳化

每個國家擅長製造的產品不一樣。而且，每個國家都會將自己擅長的產品輸出到其他國家。這就是英國經濟學家李嘉圖（David Ricardo）所提出的「比較優勢原則」，即**專注於生產自己國家擅長的產品**，不足的部分則透過貿易供應即可。

比較優勢原則是在無關稅的自由貿易環境下才能夠成立，由於雙方都受益，因此各國都在努力建

> 專注於本國的強項，
> 將可實現整體最大的利益

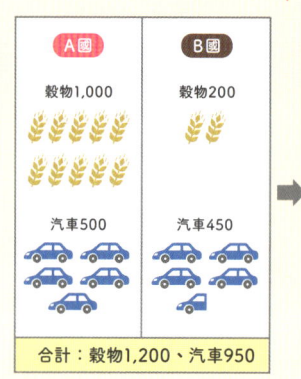

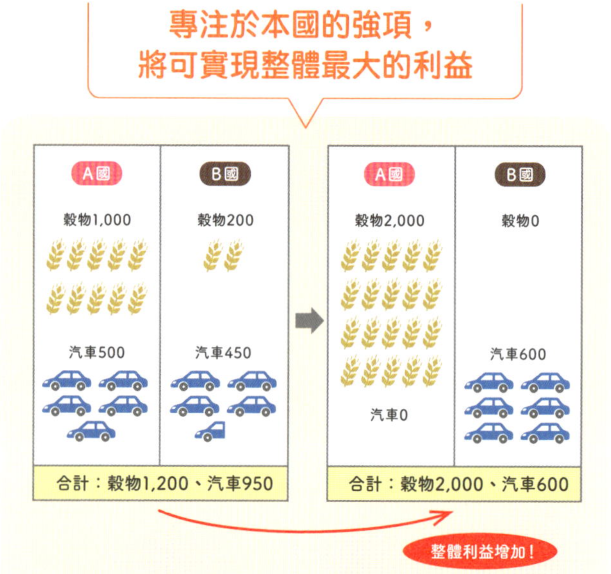

A國	B國
穀物1,000	穀物200
汽車500	汽車450
合計：穀物1,200、汽車950	

→

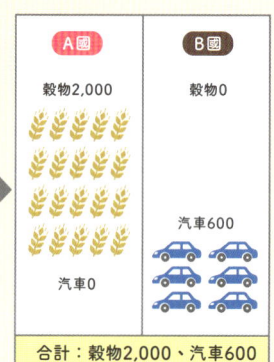

A國	B國
穀物2,000	穀物0
汽車0	汽車600
合計：穀物2,000、汽車600	

整體利益增加！

舉例來說，假設A國可以生產1,000單位的穀物和500單位的汽車，B國可以生產200單位的穀物和450單位的汽車。由於A國能生產的穀物和汽車都比B國多，因此可以說A國在這兩方面占有「絕對優勢」。

另一方面，如果自己國內做比較，可看出A國較擅長生產穀物，B國較擅長生產汽車。這時就能說，A國具比較優勢的產品是穀物，B國具比較優勢的產品是汽車。各自專注於生產相對較擅長的產品，將可產出2,000單位的穀物、600單位的汽車。生產擅長的產品，其他靠貿易來供應，透過這種方式讓整體的利益提高了。

構取消關稅的國與國之間的自由貿易關係。歷史上最早的例子是1948年成立的GATT（關稅暨貿易總協定）。這是透過多國間的談判來去除對進口品課徵關稅和進出口管制等的貿易壁壘，努力維護自由貿易的國際協定。

現實中也有意見指出**比較優勢原則的問題**，例如：確保資源投入具有優勢的產業、勞力移轉的困難等。

比較優勢原則的問題

轉行

做不完啊～

比較優勢原則存在一些問題。其一是勞力無法順利轉換到其他產業。以右頁的例子來說，A國的汽車工廠全部關閉，迫使所有勞工轉而投入農業。比較優勢理論認為，生產效率差的產業崩盤，具有比較優勢的產業會吸收這些勞動力。然而，一個在工廠工作了30年的人，有可能突然變成農夫嗎？勞力的移轉在現實中並沒有這麼容易。

「國際收支」是什麼？

Question 03

> Keywords　國際收支、經常收支、勞務收支

顯示一個國家與外國之間經濟交易的統計數據，可說是一個國家的帳本

Answer

記錄對外經濟交易的國家帳本

一年間對外經濟交易的收入和支出紀錄稱為國際收支。

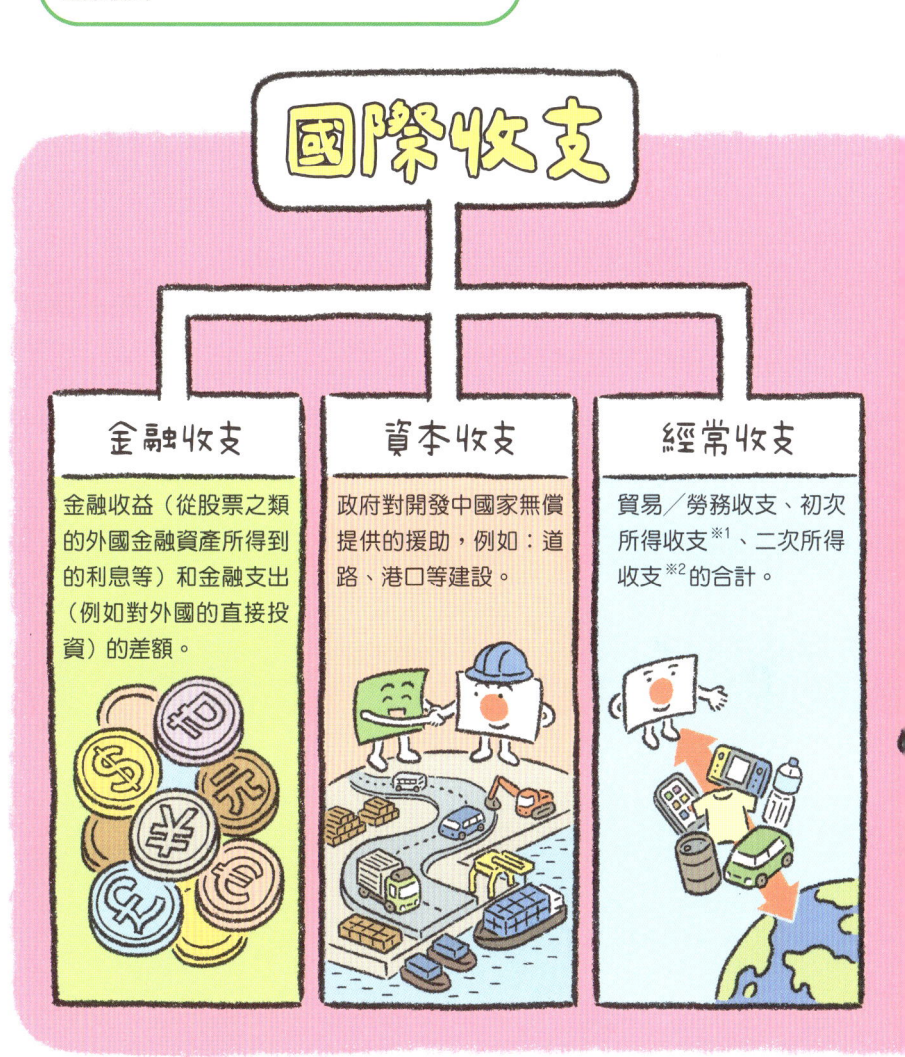

國際收支

金融收支

金融收益（從股票之類的外國金融資產所得到的利息等）和金融支出（例如對外國的直接投資）的差額。

資本收支

政府對開發中國家無償提供的援助，例如：道路、港口等建設。

經常收支

貿易／勞務收支、初次所得收支[1]、二次所得收支[2]的合計。

※1 指海外的利息、股利股息等。
※2 指政府開發援助（ODA）中，如醫藥品之類的實物援助等。

03 Answer

記錄一個國家在一定期間內所有對外經濟交易的國家帳本

國際收支指的是一個國家在一年間所有對外經濟交易的支出和收入紀錄,換句話說,就是類似「國家的帳本」。國際收支的明細大致分為**「經常收支」**、「資本收支」、「金融收支」3類。經常收支是根據貿易收支(與商品進出口有關的收支)、**勞務收支**(金融、保險、運輸費等無形服務所產生的收支)、初次所得收支、二次所得收支等的合計來

經常收支是什麼?

日本經常收支的變化

(兆日圓)

↑盈餘
經常收支
勞務收支
↓虧損
初次所得收支
貿易收支

2000年 03 06 09 12 15 18 21

出處:日本財務省的國際收支統計

「經常收支」是表示國際收支的標準之一,又稱為「經常帳」。它是一項經濟指標,顯示出一個國家在一定期間內與外國進行商品和服務交易、投資收益等經濟交易所產生的收支。經常收支的明細包括從汽車等商品的出口中扣除進口的「貿易收支」;以旅行、專利使用費等為主的「勞務收支」;股利股息和利息等的「初次所得收支」,以及不涉及對價的消費品和資金援助等的「二次所得收支」。在日本,財務省每個月都會在國際收支統計中公布相關數據。

順帶一提,日本史上最大的經常帳盈餘是在雷曼風暴發生前,即2007年的24兆9,341億日圓。

152

計算。資本收支代表的是一國政府對外國無償提供資本財援助等的資本移轉收支。

金融收支是顯示該國的企業對外國進行直接投資、買進外國證券等金融商品時所產生的收支。國際收支則是由這些收支的總和來決定是盈是虧。以日本舉例來說，貿易收支在2007年以前盈餘不斷地擴大，但在2012年時轉為赤字※。

> 入境旅客增加，
> 勞務收支便有盈餘

勞務收支也包含涉及運輸、旅行等服務的收支。因此，只要外國人來日本觀光的需求增加，勞務收支就會逐漸有起色。新冠疫情之前的2019年，日本的外國旅客人數寫下了史上最高紀錄，初步數據顯示勞務收支盈餘為1,758億日圓。這是1996年有數據可以比較以來，首次出現盈餘。

儘管最後計算的結果是赤字，但旅遊方面的盈餘寫下史上最高紀錄的2兆4,571億日圓。

※即從第2次石油危機以後。

「WTO」負有哪些任務？

Question 04

→ Keywords　WTO

Answer

WTO就類似貿易的風紀股長

「WTO」制定了自由貿易的規則,並進行有關貿易的談判、協商和解決爭端。

你都不開放,這樣我要調高你的關稅喔!

A國

B國

怎……怎麼這樣……!

WTO
風紀

喂～!!
你別自作主張!
要先通過我這關才行～!!!

155　Chapter5 ◆ 有關貿易的經濟學

04 Answer

制定促進各國商品和服務自由**貿易**的**規則**

WTO是World Trade Organization的簡稱，中文叫做「世界貿易組織」。WTO負責制定規則，讓世界各國可以自由貿易，並負責進行有關貿易的談判、協商和解決貿易爭端。

WTO世界貿易組織的前身是「GATT（關稅暨貿易總協定）」，經過**烏拉圭回合談判**之後，於1995年1月正式成立，2022年時已有164

> 為促進貿易自由化和多邊貿易而舉行的烏拉圭回合談判

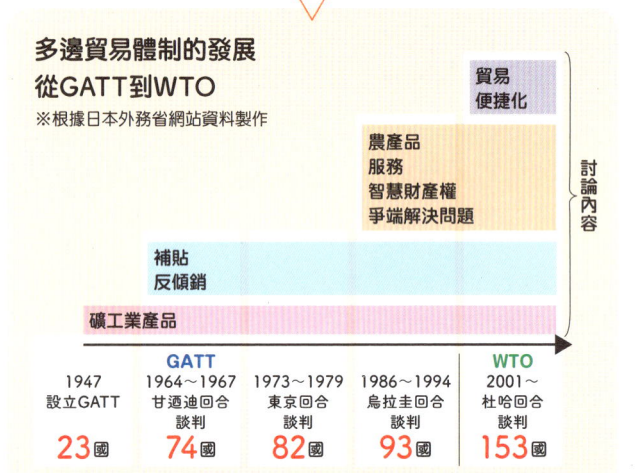

多邊貿易體制的發展
從GATT到WTO
※根據日本外務省網站資料製作

	1947 設立GATT	GATT 1964～1967 甘迺迪回合談判	1973～1979 東京回合談判	1986～1994 烏拉圭回合談判	WTO 2001～ 杜哈回合談判
	23國	74國	82國	93國	153國

討論內容：
- 貿易便捷化
- 農產品、服務、智慧財產權、爭端解決問題
- 補貼、反傾銷
- 礦工業產品

「烏拉圭回合談判」是指1986年在烏拉圭宣布展開的多國商務談判。目的在於消除國際貿易障礙、促進多邊貿易。

在烏拉圭回合談判中，主要討論到服務貿易、智慧財產權的處理和農產品自由化，儘管關於農產品自由化的協商觸礁，未能實現完全自由化，但此次協商最後促成了GATT的改組，並決定設立WTO。

156

WTO的決策採共識決

必須全體一致通過決議，其制定的規則對所有會員國具有約束力。當兩國間發生有關貿易的爭端時，WTO首重當事國之間的協商，若爭端無法在60天內解決，就會提交小組委員會或上級委員會請求裁示。

個國家和地區加入。

WTO的決策問題

密室會議

就我們幾個決定吧！

OK!

WTO的決策過程被指出存在許多問題。第1個問題是，WTO所揭櫫的原則對國內產業脆弱的開發中國家不利，最後將擴大已開發國家和開發中國家的差距。此外，不以投票方式表決而採用共識決，因此除非得到全體會員國同意，否則無法做任何決定，然而事實上，提交正式會議討論的議案通常是由已開發國家主導的密室會議方式決定，造成對開發中國家實質不利的局面，這點也被視為問題。

美中貿易戰的原因是什麼？

Question 05

Keywords 一帶一路、華為問題

> **Answer**
> ### 從貿易失衡演變成霸權之爭
> 美國對中貿易赤字是直接的原因，後來又波及到安全、軍事和科技領域。

ROUND 2 爭奪霸權

- 排除華為
- 就算逞強我也要贏！
- 一帶一路
- 我一定會幹到底！
- 藍點網路
- 網路攻擊

Chapter5 ◆ 有關貿易的經濟學

05 Answer

從典型的**貿易摩擦**演變成包括軍事、安全、科技領域的**霸權之爭**

美中貿易摩擦始於當時美國的**川普政府將美中貿易失衡視為問題**。從2017年開始，兩國之間為了解決這個問題進行過各種談判，但一直各說各話，完全沒有交集。後來，川普在第1任期時為了解決對中貿易赤字，宣布對鋼鐵和鋁製品實施額外的關稅，使兩國間的摩擦浮上檯面。

此後，該政府開始對總計1000種以上的商

美中貿易失衡的實態

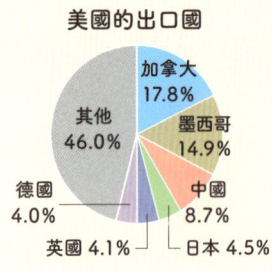

美國的出口國
- 加拿大 17.8%
- 墨西哥 14.9%
- 中國 8.7%
- 日本 4.5%
- 英國 4.1%
- 德國 4.0%
- 其他 46.0%

2020年合計14,314億美元

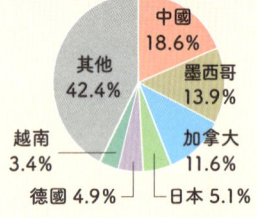

美國的進口國
- 中國 18.6%
- 墨西哥 13.9%
- 加拿大 11.6%
- 日本 5.1%
- 德國 4.9%
- 越南 3.4%
- 其他 42.4%

2020年合計23,366億美元

看2020年美國的進出口國家便會發現，中國在出口方面占第3名，進口方面則排名第1。美中兩國已成為重要的貿易夥伴。美國對中國的主要輸出產品包括大豆、IC晶片、原油、汽車、機械零件、飛機、引擎等。大豆的出口金額在2020年占11.4%，排名第1，不過這是美中協議簽訂之後大豆出口增加所致，2019年時排名第3。另一方面，美國從中國進口的主要產品則包括了資訊處理設備、電氣設備、纖維製品、玩具和遊樂設備、電視機等。而在2020年的對中貿易當中，進口金額（4,354億美元）大幅地超過出口金額（1,246億美元），美國對中貿易呈現–3,108億美元的巨額貿易赤字。

品加徵額外關稅,而中國也祭出加徵額外關稅的手段予以反制。美中之間的摩擦不僅限於貿易方面,也逐漸**蔓延到安全、軍事和科技領域**,如中國的經濟版圖擴張計畫「一帶一路」,和收緊對中國通訊設備製造大廠華為的出口管制等。此外,近來在維吾爾人的勞動情況、圍繞著香港和台灣的議題上,這些衝突也正日益加劇。2025年重回白宮的美國總統川普今後的動向備受關注。

極度激烈的美中科技霸權之爭

總部設在中國深圳的華為,是一家以提供電信業者網路服務為主力業務的公司,同時也是全球知名的智慧型手機品牌,在全球智慧型手機市占率中曾位居第3名。然而,美國政府過去10年間多次調查華為,懷疑其產品可能被植入惡意軟體和病毒。再加上圍繞著下一代通訊標準5G的霸權之爭,2020年起,當時的川普政府加強了對華為的制裁。

這種排除華為的行動也蔓延到歐洲、印度、日本等世界各地。

Question 06

加入TPP的利與弊分別為何？

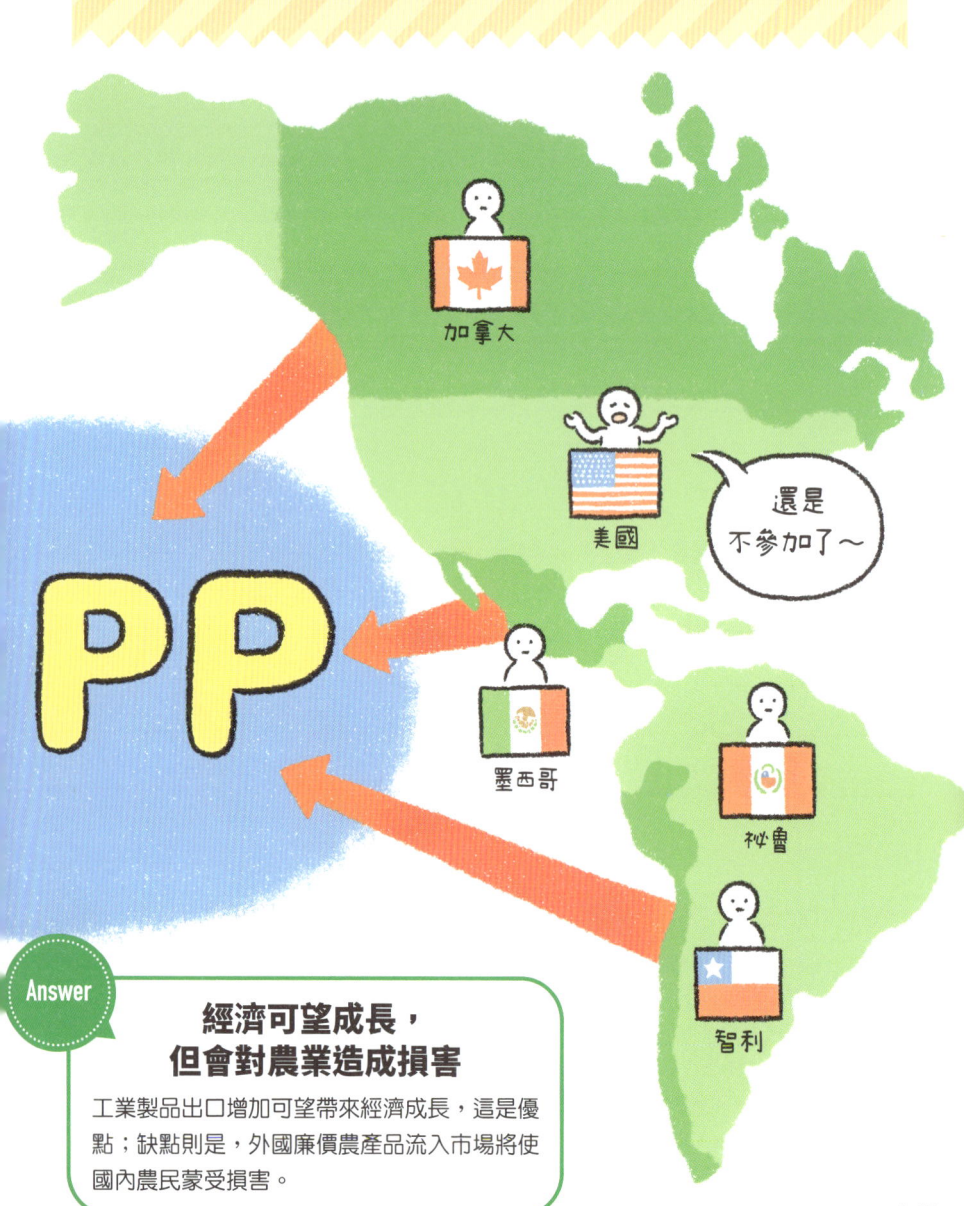

🏷 **Keywords** TPP、關稅壁壘、非關稅壁壘

加拿大

美國　還是不參加了～

墨西哥

秘魯

智利

Answer

經濟可望成長，但會對農業造成損害

工業製品出口增加可望帶來經濟成長，這是優點；缺點則是，外國廉價農產品流入市場將使國內農民蒙受損害。

162

對日本的好處

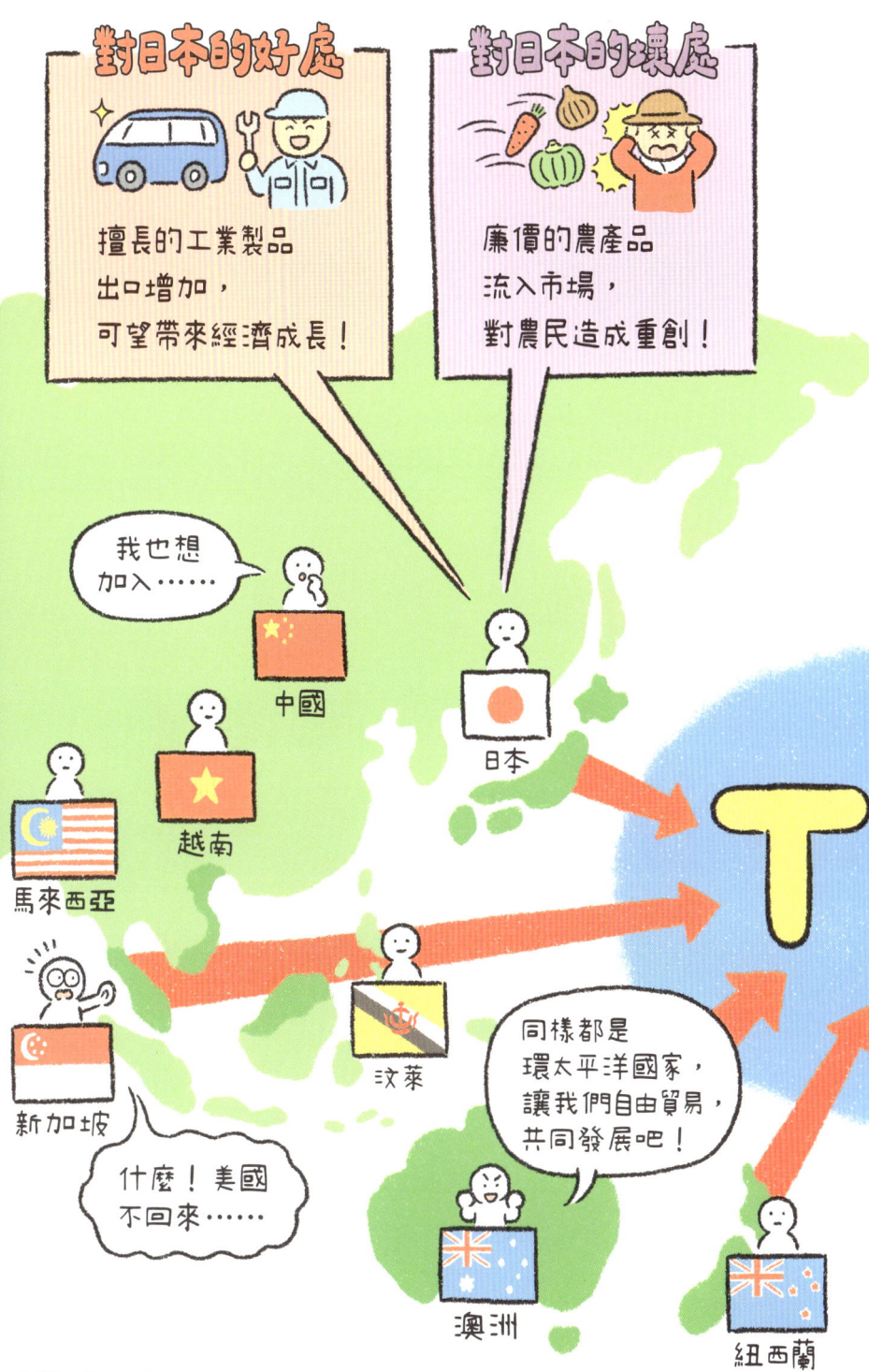

擅長的工業製品出口增加，可望帶來經濟成長！

對日本的壞處

廉價的農產品流入市場，對農民造成重創！

我也想加入……　中國

越南

馬來西亞

日本

新加坡

什麼！美國不回來……

汶萊

同樣都是環太平洋國家，讓我們自由貿易，共同發展吧！

澳洲

紐西蘭

163　Chapter5 ◆ 有關貿易的經濟學

06 Answer

經濟成長的可能性和對農業的損害在天平兩端

TPP是Trans-Pacific Partnership的簡稱，中文稱為「跨太平洋夥伴協定」。這是一個包含日本在內共11個國家加入的經濟合作協定。

TPP主要是針對同意TPP相關法律的會員國之間，有關關稅的調降和廢除、服務和投資的自由化、智慧財產權的保護與國有企業改革等方面，制定自由且公平的規則，以消除**貿易壁壘**的協定。

妨礙自由貿易的關稅壁壘和非關稅壁壘

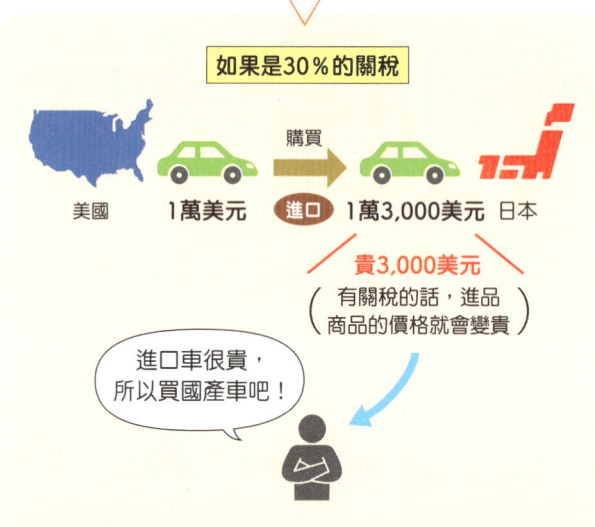

如果是30％的關稅

美國　1萬美元　購買／進口　1萬3,000美元　日本

貴3,000美元
（有關稅的話，進品商品的價格就會變貴）

進口車很貴，所以買國產車吧！

為了保護國內的商品和服務，政府有時會對進口商品課稅（關稅）。這被稱為「關稅壁壘」。因為被課徵關稅，商品的價格相應較高，銷售時和現有的國內競爭商品相比便處於劣勢。

另一方面，不課徵關稅也有方法可以保護本國的商品，這稱之為「非關稅壁壘」。例如：限制進口數量、進口手續繁複等。

TPP帶給日本的好處是，工業製品的關稅被廢除或調降，使得貿易盈餘擴大，可望帶來經濟大幅成長。另一方面，壞處則是進口農林水產品的關稅也被廢除或降到很低的水準，有可能導致國內的農民遭受損害。

美國在川普第1任期時決定**退出TPP**。拜登政府在2022年8月的時間點依然維持暫不重返TPP的政策方針。

美國退出TPP的原因

美國總統川普在第1任期時主張「美國優先」，認為TPP對美國不利，於是宣布退出。因為他認為一旦允許自由貿易，國內就業機會便會減少，國產製品會被廉價的進口產品取代。美國有很多人對自由貿易不滿，這一類人在2016年的總統大選中支持川普。後來，在總統大選中擊敗川普的喬治·拜登，2021年10月在東亞高峰會上提出印太經濟架構（IPEF）。考慮到中國的影響力擴大，為實現自由且開放的印太戰略，他呼籲制定亞洲經濟面向的新規則。美國今後的動向備受關注。

從經濟學角度思考英國脫歐的意義

Question 07

→ Keywords 區域經濟整合、歐元、希臘危機

脫歐的理由 1

對歐盟會員國的分擔費用感到不公平

為什麼只有我要付那麼多……

脫歐的理由 2

想掌握貿易談判自主權

我 GDP 位居第 5，我要獨自前進！

英國　歐盟

脫歐的理由 3

移民問題

來了一堆！！

Answer1
區域經濟整合有利有弊

區域經濟整合的優點之一是可以活絡經濟。另一方面，缺點則是以區域內的貿易優先所造成的不利。

又沒有好處，我要退出！

BREXIT

大家一起好好相處嘛！

EU

Answer2
經過全民公投，走上脫歐

舉辦退出歐盟的全民公投，脫歐派以些微差距勝出。

167　Chapter5 ◆有關貿易的經濟學

07
Answer 1

區域經濟整合有利有弊

所謂的區域經濟整合，就是廢除某區域內國與國之間有關通商貿易、以關稅為首的種種壁壘和限制（主要是針對人、服務、貨物的移動和投資等的限制），並嘗試將同區域的市場經濟合為一體。

NAFTA（北美自由貿易協定）和EU（歐盟）都是區域經濟整合的一種。區域經濟整合的好處包括，透過廢除貿易壁壘可促進會員國之間的貿易，從而活

歐盟與其他區域經濟整合的差異

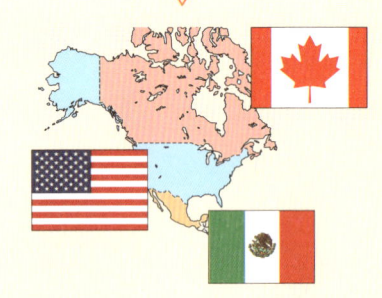

區域經濟整合依結合程度分成5個階段：①自由貿易協定、②關稅同盟、③共同市場、④經濟同盟、⑤完全整合。

美國、加拿大、墨西哥3國的「NAFTA」為①階段，成員國之間互相取消關稅和其他與貿易相關的壁壘，對成員國以外的非成員國則各自設定關稅，而不設定共同的關稅。

另一方面，歐盟則介於③跟④之間，不僅取消貿易上的限制，成員國之間還可以自由移動（歐盟區內的移動可以免持護照）、使用共同的貨幣「歐元」（但歐盟27個成員國中目前只有19國採用歐元）。由於2022年俄羅斯入侵烏克蘭，正在申請加入歐盟的國家也發出呼聲，希望加強與歐盟的連結，早日獲准入盟。

168

區域內的經濟，並增加從區域外的進口等。壞處則包括以區域內的貿易優先，可能會妨礙原本更有效率地從區域外進口。

歐盟是為了實現歐洲成員國之間的經濟整合、貨幣整合（歐元）及制定統一的外交和安全政策而設立的統合體。加入歐盟確實會對經濟產生正面影響，但同時也會帶來**移民問題**。

歐盟區內的「歐洲移民」問題

有點困擾…

STOP

這個無論如何都太多了…

英國決定退出歐盟的理由之一就是移民問題。2000年代東歐各國開始加入歐盟，結果，來自波蘭和羅馬尼亞等國的歐洲移民急劇加增。由於英國原本對移民就很寬容，因此從2004年起的11年間，移民暴增為3倍。移民增加在許多方面造成嚴重影響，例如：英國國內的社會保障、教育方面、自身工作被搶走的就業方面等，成為激起反歐盟情緒的原因之一。此外，脫歐之後不能再依賴移民的勞動力，英國因而面臨嚴重的缺工。可說是脫歐的弊病之一。

07
Answer 2

英國認為自己為了幫希臘財政危機收拾殘局而蒙受損失，走上脫歐之路

在英國2016年舉行的公民投票中，過半數投票的公民對退出歐盟投下贊成票。在贊成派的理由中，有一項是歐盟分派給各國的分擔費用。其制度設計成經濟實力強的國家要分擔較多費用，於是英國被迫和德、法等國一樣支付龐大的費用，不公平感因而根深柢固。

此外，2008年雷曼兄弟風暴之後發生的**希臘財政危機**導致歐元的信

希臘財政危機對歐盟的影響

哇～我破產了！

我要不要退出歐盟啊……

希臘的政財赤字長期以來一直遭到隱瞞（→第101頁）。然而，2009年政權更迭，發現實際的財政赤字大幅超出了已經公布的數字。由於全球信用評等機構相繼調降希臘國債的等級，使得債券價格暴跌，進而引發被稱為希臘危機的財政危機。

為幫助希臘財政健全化，希臘和歐元區發生對立，英國開始質疑是否要用本國的稅金援助希臘，後來成為英國退出歐盟的主要因之一。

170

用降低,儘管英國也決定援助希臘,但是多數國民對於「必須拿本國稅金來援助他國」感覺沒道理。再加上歐洲移民湧入等問題,使得愈來愈多人認為繼續留在歐盟反而是導致英國國內經濟惡化的因素之一。

另外,**蘇格蘭**自治政府已宣布**將致力於追求獨立和重返歐盟**。

蘇格蘭的留歐派占多數

我們要獨立!
留在歐盟!!

蘇格蘭
北愛爾蘭
愛爾蘭
威爾斯
英格蘭

英國雖然決定脫歐,但國內未必如磐石一塊。構成英國一部分的蘇格蘭,有許多人原本就追求脫離英國獨立。因此,這些人對於退出歐盟感到很排斥,認為是「倫敦當局無視蘇格蘭的意向而擅自推動」,使得試圖脫離英國獨立同時留在歐盟的一種民族主義情緒高漲。脫歐問題也成了這類內政問題的導火線。

結語

2022年，受到意料之外的烏克蘭危機影響，能源價格高騰。加上與歐美的利率差距擴大，日圓因而快速貶值，發生以進口物價為主的通膨。不但如此，日本應對新冠病毒危機的退出策略不明確，使得總體經濟活動的復原力也比其他各國來得弱。

現在的經濟狀況已是谷底，而當新冠病毒危機和烏克蘭危機解除，日本經濟就會順利復甦和發展嗎？這種樂觀的情況似乎不太可能發生。自1990年代以來，日本的經濟持續低迷。經濟停滯導致低收入者的就業焦慮、生活不安全感日益加劇。還需在財政面上對弱勢者提供豐厚的補貼。

在實際的政策制定現場，公共年金減少以至於晚年破產等老年人的經濟問題目前正受到關注。隨著年歲增長，同年齡層的財富差距、所得差距擴大，老年人口中生活貧困的人數日益增加。儘管如此，老年化社會卻容易演變成老人握有強大政治權力的「銀色民主主義」。就連社會保障制度的改革，一些會讓老年人感到痛的改革都被往後延了。結果導致老人年金給付、醫療服務、照護保險服務的效率遲遲未見提升，反而分配高額的社會保障預算去維持和改善，政策上往往缺乏對年輕世代和後代的照顧。而且財政赤字遞增，財政和社會保障制度的永續性已面臨風險。

造成這種情況的原因應該是年長的選民和政治家只考慮眼前的利益。需要有頭腦聰明、

172

能夠同時考慮到後代的政治家，才能實踐著眼於未來的經濟政策。

正如本書中的解釋，經濟學重視盡可能地實現教育和就業機會的平等。同時，在結果的平等方面，認為適度的平等更能讓市場經濟的優點發揮到極致。在一個喜好多樣並存在所得差距的社會，要實施令多數人滿意的政策很困難。儘管如此，為了讓中長期可持續發展的社會中多數人都能對經濟生活感到滿意，需要一個盡可能確保兒童和年輕人擁有教育和就業機會，並仔細考慮對年輕一代和未來世代的利與弊的賢明政府，同時，一個徹底接納企業家精神——不怕失敗、願意挑戰新事物——的市場經濟亦不可或缺。本書各章就是從這樣的角度出發來解釋經濟學。如果能對讀者有些許幫助，那就太好了。

井堀利宏

詞彙表

讓我們來理解本書中出現的一些詞彙的含義吧。更詳細的說明請見所標示的頁面。

英文

GDP……第84~87頁
國內生產毛額，又稱為國內生產總值。在一國的經濟活動中，從年度生產總額中扣除原料、中間生產和海外生產部分之後的數值。是能更為正確地反映國內經濟活動的指標。

TPP……第162~165頁
跨太平洋夥伴協定。以太平洋地區國家為主的經濟合作協定。日本於2016年簽署加入。

WTO……第154~157頁
世界貿易組織。1995年1月設立以取代GATT的國際組織。負責制定與貿易相關的各種規則，並在執行和運用的同時，處理新的貿易課題。

1~5畫

三面等價原則……第87頁
這是總體經濟學上的基本原則，指在一國的經濟中，生產總額、分配總額、支出總額經過一定的期間後會相等。

互補財……第29、32~33頁
就像吉他和吉他弦那樣，2種或2種以上成套需求的商品。一種商品的價格上升（或下跌）時，消費量會同時減少（或增加）。

公共財……第70~73頁
眾人可以同時享受其益處（非競爭性），而且不能只限於付費者可使用（非排他性）的財貨和服務。例如：公園、消防、警察等。

比較優勢原則……第146~149頁
各國專注於自己最具優勢的領域之生產，使整體生產量擴大的經濟原則。資源少的小國因此獲得的利益會更大。

卡爾特……第62~63頁
即同業聯盟。同行的企業為了避免競爭以確保利潤，簽訂有關價格和產量等的協議。不當的企業聯合行為會觸犯反壟斷法。

囚徒困境……第68~69頁
賽局理論的典型例子之一。當每個人都選擇對自己最具吸引力的選項時，將招致比合作更壞的結果，這正是困境的原因所在。

市場失靈……第70~75、80~81頁
此即市場的正常運作受到阻礙的狀

174

6〜10畫

生產函數 ……第44〜45頁
顯示生產要素的投入量（勞動量）與產量之間關係的函數。

皮古稅 ……第81頁
對於導致外部不經濟發生的企業課徵相應的稅金。藉此抵銷外部不經濟的影響。

劣等財 ……第28〜31頁
會因為所得增加導致消費量減少、所得減少消費量卻增加的商品。例如：低品質的商品。

有效需求 ……第88〜91頁
伴隨貨幣的支出，市場實際出現的需求。英國經濟學家凱因斯認為，有效需求的多寡會決定一國經濟的生產量和雇用量。

完全競爭市場 ……第52〜55頁
眾多需求者和供給者在平等的條件下進行交易的場所。參與者稱為價格接受者。

赤字公債 ……第98〜100頁
為了彌補財政赤字，國家特例發行的債券。日本2020年度時，赤字公債的餘額約649兆日圓，擺脫對赤字公債的依賴已成為課題。

供給曲線 ……第20〜23頁
對某樣商品來說，Y軸代表價格，X軸代表生產供應量，用以顯示兩者之間關係的曲線。一般來說，價格上升供給量就會增加，價格下跌供給量就會減少，呈現向右上傾斜的曲線。

固定匯率 ……第144頁
維持固定匯兌率的制度。1973年2月，日圓兌美元匯率改採浮動匯率。

季芬財 ……第31頁
這是指價格上升，消費量卻增加的商品，以及價格下跌，消費量卻減少的商品。

物價指數 ……第135頁
評估物價波動的指數。將某一特定場所和時間的某一特定商品的價格設為100，用指數表示之後的價格波動狀態。分成幾種，如消費者物價指數、躉售物價指數等。

非關稅壁壘 ……第164〜165頁
透過關稅以外的手段限制從外國進口。如限制進口數量、進口手續繁雜、補貼國內生產等。

信用創造 ……第122〜125、138〜139頁
透過重複存款、貸款，整個銀行組織可進行多出於最初存款金額數倍的放貸。

柏拉圖最適 ……第56〜57、68〜69頁

175

資源最有效地分配給組成社會的每一個人的狀態。即資源得到最充分利用的狀態。

看不見的手……第22~23頁
即使每個人都自私地追求各自的利益，整個社會仍然會受益的觀念。即自由放任主義會帶來經濟上的和諧。由18世紀的亞當‧斯密在《國富論》中提出。

乘數效應……第95頁
透過政府支出來增加消費，隨之帶動企業獲利的增長，進而促進景氣擴張，最終會帶來數倍於原始支出的經濟規模之效果。

效用……第14~17、56~57頁
個人對自己消費的財貨的滿意度。這是十分主觀的感受，不但會因消費者而異，而且會因為當時的情況而異。

浮動匯率……第144頁
讓匯率依外匯市場的實際狀況波動的國際貨幣制度。

消費稅……第102~105頁
政府對商品和服務的販售、提供等交易行為課稅，由消費者負擔並由業者繳納的間接稅。

納許均衡……第64~67、68~69頁
賽局理論中所使用的概念之一。每個賽局參與者都依照對自己最有利的方式行事時，整體所產生的均衡狀態。

財政赤字……第98~101頁
即中央或地方政府的財政歲出超過歲入。不足的部分以發行公債（國債、地方債）來彌補。

財政政策……第91、94~95、113~115頁
政府透過歲入、歲出來執行的經濟政策。在歲入方面藉由發行國債、

增稅或減稅；歲出方面則藉由擴大或縮小公共工程的手段，來擴大或抑制景氣。

逆向選擇……第70~71、74~75頁
買方和賣方擁有的資訊不相等，導致買方最後選擇品質不佳的商品。

高級財……第28~31頁
這是指會因為所得增加，消費量跟著增加，所得減少，消費量也會減少的商品。如高品質的商品。

11~15畫

偏好……第16頁
依喜好在多個選項中選擇一個。例如：選擇得到紅茶而不是咖啡，這種情況就是偏好紅茶。

區域經濟整合……第166~169頁
試圖加以整合主要鄰近國家之間的經濟，並透過共同的經濟政策進行管理。分為自由貿易協定、關稅同

176

國際收支 ……第150～153頁
盟、共同市場、經濟同盟、完全經濟整合5個階段。
總計一定期間內與外國交易所產生的收入和支出的帳本。國際交易所有收到和支付金額的總額。

寇斯定理 ……第81頁
即外部不經濟發生時，交由私人企業或居民等當事人自發性的談判也能解決問題，而不必政府介入。

貨幣政策 ……第91、112～115頁
中央銀行用公開市場操作等手段，透過金融市場調整資金數量及其流向的經濟政策。

通膨 ……第132～139頁
通貨膨脹的簡稱。即物價水準持續性上升。貨幣數量相對於商品數量超出必要地增加，總需求超過總供給，薪資等的成本上升導致物價上漲、貨幣貶值的狀態。

通膨目標論 ……第138～139頁
此為日本貨幣寬鬆政策的理論，即政府或中央銀行藉由設定一定的物價上漲率的目標值，嘗試擺脫通貨緊縮。

通縮 ……第132～139頁
通貨緊縮的簡稱。即物價水準持續性下跌。國家整體的供給多過於需求，導致生產和雇用下降，貨幣數量相較於商品的交易量減少，物價下跌，貨幣價值上升的狀態。

惡性通膨 ……第136～137頁
超級嚴重的通貨膨脹。物價在短期內急劇上漲數倍、數10倍以上的過度通膨。多半發生在戰爭等陷入經濟不安的情況。

替代財 ……第29、32頁
價格變化會導致需求被另一種商品替代的商品。如咖啡和紅茶等，當一方的價格上升時，消費者便會購買另一方來取代它。

無名氏定理 ……第67頁
在無限重複的競賽中，參與者之間持續合作將使總利益變大的定理。

圓安 ……第142～145頁
即外匯市場上，日圓相對於外幣的價值較低。1日圓可交換的他國貨幣單位數相對較少的狀態。一般來說對出口產業有利，但對進口產業不利。

圓高 ……第142～145頁
即外匯市場上，日圓相對於外幣的價值較高。1日圓可交換的他國貨幣單位數相對較多的狀態。一般來說對進口產業有利，但對出口產業不利。

損益平衡點 ……第48～51頁

177

新自由主義……第96~97頁
市場經濟中以個人自由和市場原理為優先，反對政府過度干預市場的思想。大肆宣揚放鬆管制、削減福利、財政緊縮，以及自己負責等的必要性。

歇業點……第48~51頁
在價格和產量的關係中，決定繼續生產或停止生產的分界點。不同於損益平衡點，這時已確定虧損，此為能否支應變動成本的分界點。

經濟成長率……第87頁
國民經濟規模擴大，以及經濟總量長期增長的比率。即顯示國家的經濟規模在一定期間內成長多少的比率。一般通常以GDP的增長率來表示。

作為出現虧損和盈餘發生分界點的營業額。此為會不會產生虧損的生產量界線。

道德風險……第70~71、75頁
缺乏道德。作為經濟學的術語，意指完善回避風險的手段和機制，反而讓人注意力分散或是放鬆警戒，使危險和意外發生的機率升高。

寡占……第59、62~69頁
市場被少數供給者控制的狀態。

需求曲線……第20~23頁
對某樣商品來說，Y軸代表價格，X軸代表消費需求量，用以顯示兩者之間關係的曲線。一般來說，價格上漲時需求量就會減少，跌時需求量便會增加，呈現向右下傾斜的曲線。

價格接受者……第55頁
可以依自己的行動改變市場價格的經濟主體。指完全競爭市場中，多數的需求者和供給者。

機會成本……第27頁
在生產中選擇了一個選項而沒選擇其他所可能造成的損失。

獨占……第58~61、80~81頁
單一企業排除其他的競爭者控制銷售市場等，只有自己獲得利益的經濟現象。

總成本曲線……第45~46頁
X軸代表企業的產量，Y軸代表生產成本，用以表示兩者之間關係的曲線。隨著產量增加，邊際成本會遞增。

賽局理論……第66~69頁
在有對手並與自己和對方利害相關的情況下，考慮自己和對方的利益，決定最佳行動的理論。除了經濟之外，也被廣泛應用於經營管理、政治等方面。

16~20畫

178

邊際成本……………第42、45～47頁
額外增加1單位的產量時所增加的生產成本。例如：生產100個麵包的工廠當它生產了101個時，那1個的成本就是邊際成本。

邊際收益……………第42、46～47頁
額外增加1單位的產量時所能增加的收益。例如：生產100個麵包的工廠當它生產了101個時，那1個的收益就是邊際收益。若是完全競爭市場，邊際收益將會固定。

邊際效用遞減法則……………第17頁
消費愈多商品，從額外增加部分能獲得的主觀上的滿足感將逐漸降低的法則。

關稅壁壘……………第164～165頁
為了保護、培植國內產業，對從外國進口的商品等課徵很高的關稅，或新增關稅。

179

●監修者簡介

井堀利宏

1952年出生於岡山縣。政策研究大學院大學榮譽教授。東京大學榮譽教授。專門研究財政學、公共經濟學、經濟政策。

東京大學經濟學院經濟學系畢業，約翰霍普金斯大學博士課程畢業（取得博士學位）。曾任東京都立大學經濟學院副教授、大阪大學經濟學院副教授、東京大學經濟學院副教授、東京大學教授、東京大學經濟學研究所教授；2015年獲聘為東京大學榮譽教授。同年4月起擔任政策研究大學院大學教授，2017年4月成為該校特聘教授，2022年4月起就任現職。

著作眾多，包括《大学4年間の経済学が10時間でざっと学べる（10小時大致學會大學4年的經濟學）》（KADOKAWA）、《政治と経済の関係が3時間でわかる 教養としての政治経済学（作為素養的政治經濟學 用3小時理解政治與經濟的關係）》（總合法令出版）、《入門経済学（經濟學入門）》（新世社）等（以上中文書名皆為暫譯）。

SAKUTTO WAKARU BIJINESU KYOYO KEIZAIGAKU
© SHINSEI PUBLISHING CO., LTD 2022
Originally published in Japan in 2022 by SHINSEI PUBLISHING CO., LTD, TOKYO.
Traditional Chinese translation rights arranged with SHINSEI PUBLISHING CO., LTD, TOKYO, through TOHAN CORPORATION, TOKYO.

完全圖解 經濟學超入門
零基礎也不怕！30個經濟學核心概念教你看懂商業世界的運作

2025年3月1日初版第一刷發行

監 修 者	井堀利宏
譯　　者	鍾嘉惠
主　　編	陳正芳
美術設計	黃瀞瑢
發 行 人	若森稔雄
發 行 所	台灣東販股份有限公司
	＜地址＞台北市南京東路4段130號2F-1
	＜電話＞（02）2577-8878
	＜傳真＞（02）2577-8896
	＜網址＞https://www.tohan.com.tw
郵撥帳號	1405049-4
法律顧問	蕭雄淋律師
總 經 銷	聯合發行股份有限公司
	＜電話＞（02）2917-8022

著作權所有，禁止翻印轉載。
購買本書者，如遇缺頁或裝訂錯誤，
請寄回更換（海外地區除外）。

國家圖書館出版品預行編目資料

完全圖解經濟學超入門：零基礎也不怕！30個經濟學核心概念教你看懂商業世界的運作/井堀利宏監修；鍾嘉惠譯. -- 初版. -- 臺北市：臺灣東販股份有限公司, 2025.03
180面；14.3×21公分
ISBN 978-626-379-792-5（平裝）

1.CST: 經濟學 2.CST: 通俗作品

550　　　　　　　　　114000885